문명과 수학

일러두기

1 원작(EBS 다큐프라임 〈문명과 수학〉)을 책으로 옮기는 과정에서 다양한 수학 관련 자료를 참조해 몇 가지 역사적 사실을 수정했다.

2 외래어의 표기는 국립국어원이 발행한 『표준국어대사전』에 따르는 것을 원칙으로 했다.

3 인명 및 지명은 원어 발음 표기를 원칙으로 하되[1], 일반적으로 널리 쓰이는 이름일 경우 이를 우선하기로 했다[2].
  1의 예) 톨레미 → 프톨레마이오스 / 오마르 하이얌, 오마르 카얌 → 오마르 카이얌
  2의 예) 아흐메스 → 아메스 / 에우클레이데스 → 유클리드

4 하나의 명칭이 타 언어권의 표기로도 널리 쓰이는 경우에는 병기했다.
  예를 들어 아랍 수학자 이븐 알 하이삼은 라틴어권에서 알하젠이라는 이름으로 알려져 있는데, 이런 경우에는 '이븐 알 하이삼(알하젠)'으로 명시했다.

5 본서 발행의 목적인 '수학에 대한 대중적 이해'의 취지에 따라 꼭 필요한 경우가 아니면 수학자의 이름, 논문이나 도서의 제목 등에 복잡한 원어 표기를 하지 않았다.

6 역사적 사건의 연도가 관련 자료마다 차이가 있을 경우, 최신 발행 자료 및 합리적인 판단 근거로 삼을 만한 기존 자료에 따랐다.

7 원작에서 언급하지 않은 수학적 사실들에 대한 참고 자료는 본서의 끝에 열거해 놓았다.

세상을 움직이는 비밀, 수와 기하
문명과 수학

EBS 〈문명과 수학〉 제작팀 지음 | EBS MEDIA 기획

Civilization × Mathematics

민음인

프롤로그

1858년 스코틀랜드의 고고학자 헨리 린드는
이집트의 룩소르 시장에서 낡은 파피루스 한 장을 구입했다.

파피루스는 람세스 2세의 장제전에서 도굴당한 것으로,
무려 3500년 전에 쓰인 것이었다.

이 파피루스에는
파라오의 왕국 경영에 필요한
모든 지식이 적혀 있었다.

피라미드 높이를 정하는 법, 토지 측량,
노동자에게 급료를 나눠 주는 방법 등
84개의 문항이 그것이었다.
파피루스 서문은 이렇게 시작된다.

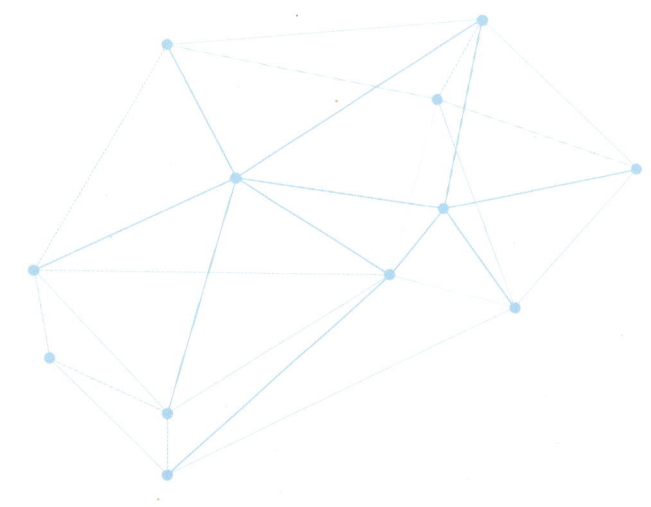

"모든 사물에 대한 완전한 탐구,
모든 존재에 대한 통찰,

모든 비밀에 대한 지식을
제시하고자 이 글을 쓴다."

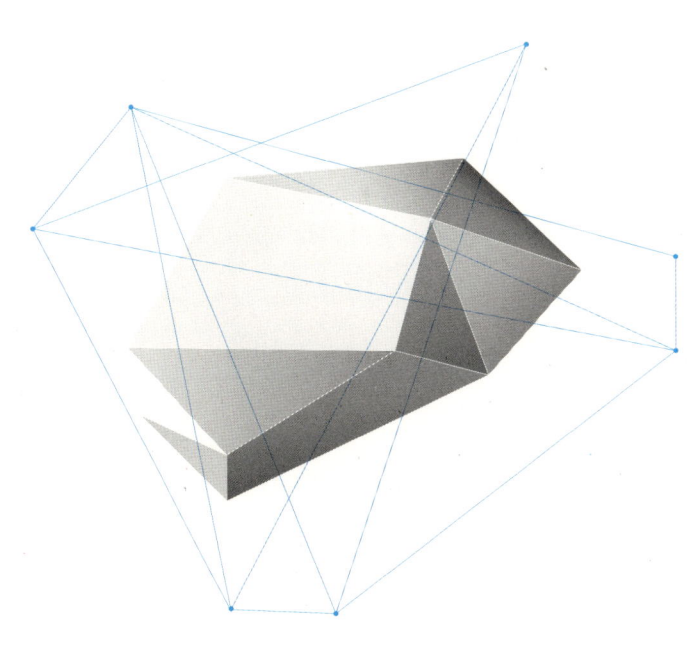

그것은 질문을 던지는 존재다.
그리고 언제나 우리에게 답을 요구한다.
이 세상은 그 질문에 대한 우리의 답이다.
우리는 이제 한 가지 의문을 가지고 길을 나선다.

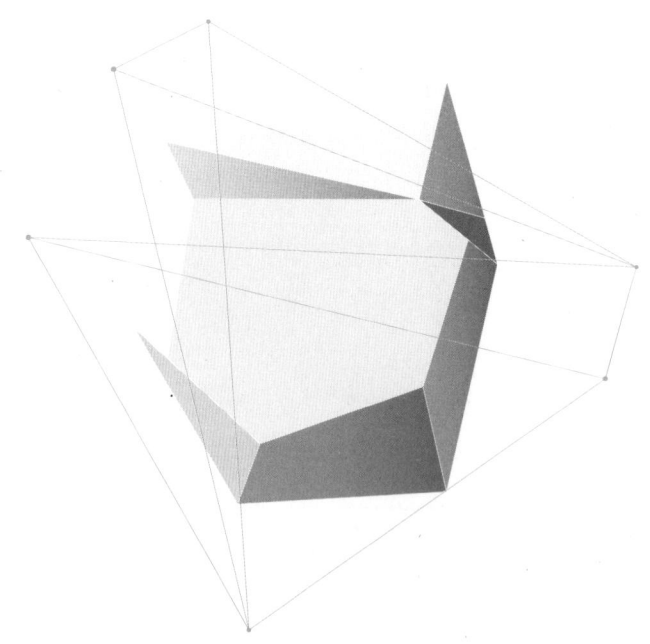

" 우리는 어디에서 시작해 여기까지 왔을까? "

우리는 미래를 향해 나아가고 있지만
끝없이 근원을 그리워한다.
나와 당신은 이제 막 과거로 들어서는 입구에 섰다.
세계의 비밀을 알고 싶어 한 자들이 쌓아 올린 계단의 끝.
우리는 그 '비밀을 알고 싶어 한 자'들을 만나고
열정에 불타던 시대를 만날 것이다.

이것은 그냥 보이는 것이 아니다.
그러니 찾아야 한다.

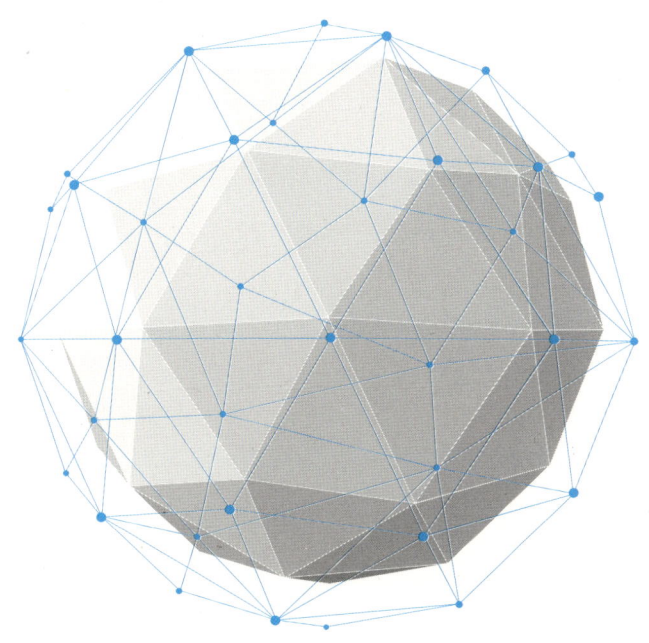

자, 긴 여정이다.

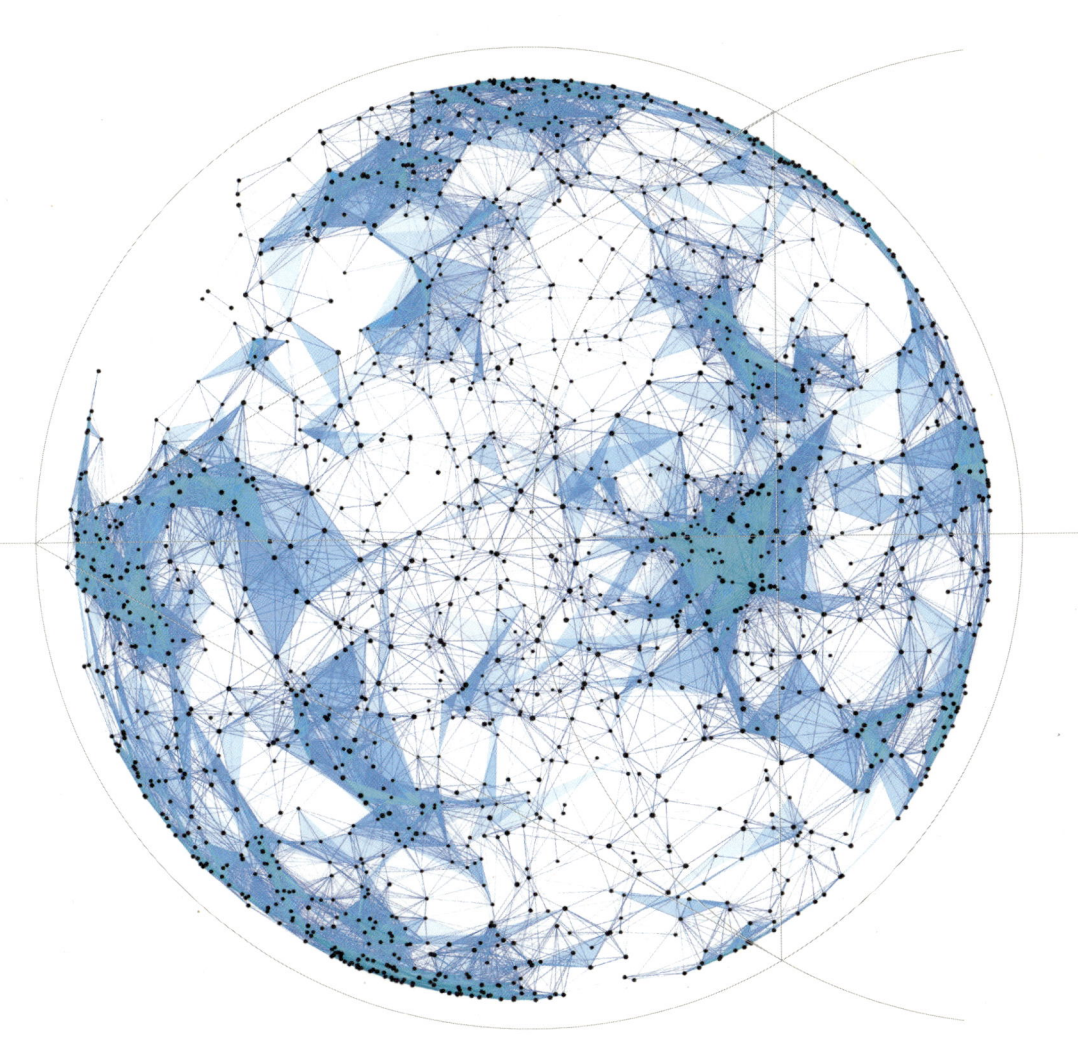

차례

프롤로그 ······4
감수의 글 ······18
서문 세상 모든 지식의 문으로 들어가는 열쇠 ······22

제1부
수의 시작 ······28

수는 어떻게 생겨났을까? 곱셈과 나눗셈은 어떻게 시작됐을까?
파이값도 모르면서 원의 면적을 어떻게 구했을까?

수학의 모든 것은 이집트에서 출발한다.
3500년 전 이집트 서기관이 썼던 파피루스 한 장에 의지해
인류 최초의 문명 이집트가 왕국을 운영하던 방식,
그리고 어떻게 분배와 측량의 기술을 터득했는가를 살펴본다.

제2부
원론 ······50

미국의 독립선언서, 뉴턴의 『프린키피아』가 모범으로 삼은 책이 있다.
바로 유클리드의 『원론』이다.

유클리드는 그리스의 철학과 수학을 집대성해 한 권의 책에 담았다.
『원론』, 이 책은 수학의 원론이 아니라 이후 모든 논리학과 철학, 과학의 원론이 되었다.
"점이란 무엇인가?"라는 이 간단한 질문 하나에 피타고라스에서 플라톤,
아리스토텔레스에 이르기까지 온 그리스의 철학자들이 매달린 이유를 살펴본다.

제3부
신의 숫자 ……72

공허를 없는 게 아니라 있는 것으로 본 민족이 만든 수, 0.
그것은 신의 숫자였다.

신을 사랑하고 영원을 믿었던 나라, 그들이 만든 숫자 하나가 인류의 역사를 바꿨다.
존재와 부재를 넘나드는 기묘한 숫자, 0은 수학을 무한의 세계로 뻗어 나가게 만들었고,
과학에게 우주를 상상할 수 있는 힘을 주었다. 종교의 나라 인도에서
인류 최고의 발명품 0이 탄생한 내력을 추적한다.

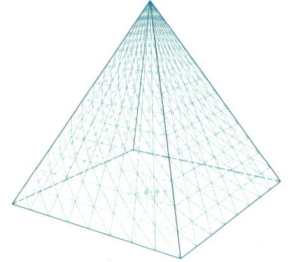 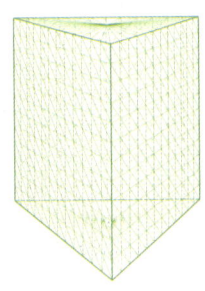 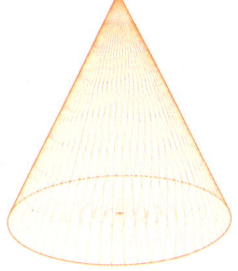

제4부
문명의 용광로 ······96

대수학, 산술, 기수법, 이전 문명의 위대한 지적 유산들······.
그 찬란한 정신이 이제 아랍의 언어로 문명의 소통을 시작한다.

서양의 지성이 혼돈 속에 잠든 시절, 아랍인들은 중세 문명을 이끌었다.
메소포타미아, 그리스, 인도의 수학이 아랍으로 녹아들어 새로운 진화를 보여 주었다.
삼각법의 발전, 인도 숫자의 전파, 무엇보다 대수학의 엄청난 도약이 있었다.
당대 문명의 뜨거운 용광로였던 이슬람에서 우리는
학문을 향한 쉼없는 열정과 또 다른 융합을 발견한다.

제5부
움직이는 세계, 미적분 ······116

'미적분'을 둘러싼 뉴턴과 라이프니츠의 치열했던 싸움!
17세기 영국과 유럽 대륙은 지적 재산권 전쟁에 휘말렸다.

학계는 서로 100년 동안 서신 왕래도 끊었다. 전쟁의 중심에 서 있던 사람은
영국의 뉴턴과 독일의 라이프니츠. 그들이 서로 먼저 발견했다고 주장한 것은 미적분이었다.
미적분은 변화하는 모든 것을 방정식으로 풀어 내는 마법과 같은 것이었기 때문이다.
뉴턴과 라이프니츠, 과연 승자는 누구였을까?

제6부
남겨진 문제들 ······136

아마추어 수학자가 낸 문제, 그 봉인은 300년 동안 풀리지 않았다.
저주받은 난제에 도전한 천재 수학자들의 치열한 도전을 만난다.

**1963년 영국 케임브리지의 동네 도서관에서 열 살 난 꼬마가 수학 문제 하나를 발견했다.
문제는 초등학생도 이해할 만큼 쉬웠다. 꼬마는 책을 빌려 집으로 돌아가면서
그 문제를 꼭 풀어야겠다고 다짐했다.
그러나 그것은 300년 동안 답이 있는지도 없는지도 모를 베일에 싸인 문제였고,
아이는 해답을 얻는 데 30년을 바쳤다. 인류에게 남겨진 위대한 수학 문제,
'페르마의 마지막 정리'와 '푸앵카레의 추측'을 통해 문명의 지평을 탐색한다.**

부록 ······164
에필로그 ······230
참고 자료 ······240

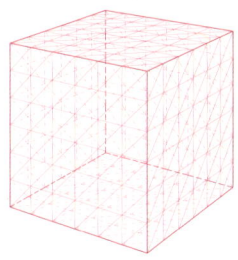 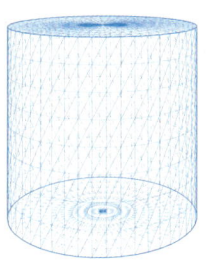 

감수의 글

박형주 포항공대 수학과 교수

자연계에서 관찰되는 조개 종류인 앵무조개Nautilus shell에서 황금비golden ratio가 관찰되고 간단한 수학적 성질로 표현되는 황금나선은 이를 명쾌하게 기술한다. 그래서 수학은 인류가 자연현상을 이해하고 표현하는 언어의 역할을 한다고들 말한다. 이런 예를 보면 자연스레 다다르는 질문 하나가 있다. 그럼 수학은 자연발생했을까?

방송에서 다루어 봄직한 질문이다. 그래서 지난 2011년 말에 방송된 다큐멘터리 〈문명과 수학〉은 정말 그럴싸한 크리스마스 선물이었다. 세계 주요 문명의 발상지를 직접 찾아다니며 이런 보물을 건져 왔다니…….

이 책은 수의 개념이 이집트 문명에서 출발한 것으로 보고 시작한다. 사실 기원전 2만 년 전의 유적물인 이상고 뼈Ishango bone와 같이 사냥감을 세기 위해 만들어진 것으로 보이는 석기시대 도구도 있으니 수의 개념은 이 책의 문명 개념보다는 앞선 것으로 보아야한다. 그러나 여기에서는 생존의 필요에 의한 막연한 셈의 단계를 넘어선 수를 의미한 것이리라.

이 책은 고대 이집트 왕의 무덤에서 발견된 파피루스의 기록을 매개로, 왕국 경영에 필요한 지식이 수학이었음을 보여 준다. 피라미드 높이를 정하는 법, 노동자에게 급료를 나눠 주는 법, 나일 강의 범람 뒤에 경계선이 사라진 땅을 원 주인들에게 분란 없이 배분하는 토지 측량법 등은 왕이 갖추어야 할 필수 덕목이었다. 그러니 이집트의 왕이 된다는 것은 결코 만만한 일이 아니었다.

고대 이집트의 수학을 들여다보면 한 가지는 분명하다. 문명은 현실적인 필요에 따라 질문을 했고, 수학은 그에 대한 답을 했으며, 통치자는 그 비밀스러운 답을 간직할 수 있었다는 것이다. 수학의 한 측면, 즉 유용성의 측면이다.

『문명과 수학』은 이집트 문명에서 시작하여 고대 그리스 문명으로 넘어간다. 피타고라스와 플라톤이 산술과 기하를 논했고, 2000년 동안 기하학의 핵심이었던 유클리드 기하학이 만들어진 건 모두 고대 그리스에서였다. 피타고라스는 마테마타 mathemata를 중시했는데, 이는 '배우고 가르침'을 뜻하는 그리스어 '마테시스'에서 유래했다. 피타고라스의 마테마타에서는 '산술, 기하, 천문, 음악'을 중요 과목으로 여겼다. 이 책에서 설명하는 피타고라스 음계의 이론을 접하면 왜 음악을 수학의 한 분야로 보았는지 수긍이 간다.

이집트 문명과 그리스 문명의 대조는 수학의 양면성을 명쾌하게 보여 준다. 즉 현실 세계의 필요에 답하는 유용성의 측면과 우주 질서에 대한 추상적이고 사변적인 질문에 답하는 철학적 측면이다. 수학의 이 두 가지 측면은 후대에서도 반복되며 변증법적인 발전 과정을 거친다. 그리고 이 책은 틈틈이 여러 방식으로 이를 증빙한다.

그럼 이집트와 그리스의 수학은 왜 이리도 달랐을까? 아니 정말 그리도 달랐을까? 조금 달리 보면 모두 문명의 성립과 발전 과정에서 어떤 필요에 따라 출현한 것으로 볼 수 있다. 그 필요가 측량이나 상업 거래와 같은 구체적인 것일 수도 있고, 우주에 대해 이해하고자 한 갈망일 수도 있다. 관찰과 상징을 통한 대화일 수도 있는데, 이는 흔히 예술로 불린다.

존재와 부재를 넘나드는 기묘한 숫자 0이 유럽 수학에서 본격적으로 받아들여지고 사용된 건 이제 겨우 500년 남짓 밖에 안 된다. '충만(充滿)의 신학'이 유행하던 중세 유럽에서 0이라는 '없음'의 개념을 주장하려면 신성모독으로 화형당할 각오를 해야만 했다. 이 신기한 숫자를 발견한 인도 문명에서 우리는 종교적이고 철학적인 수학을 보다가, 아랍 문명으로 가서는 천체 관측과 달력 제작 등 실용적 필요와 깊이 연계된 대수학의 발전을 목도한다. 고대 그리스와 인도의 성취를 묶는 융합형 세계관도 여기에 있다. 정과 반의 대립과 합이라는 형식의 발전으로 정리되는 변증법적 구도는 이렇게 이 책 곳곳에서 관찰된다.

또한 『문명과 수학』에서는 중세 이후의 수학을 미적분으로 통칭했다. 명백한 과장이긴 하지만, 그래도 6부의 '남겨진 문제들'에서 앤드루 와일스를 통해 정수론을 조금 건드렸고, 그리고리 페렐만을 통해 위상수학까지도 가 보았으니 용서해 줄 만하다. 뉴턴은 천체의 움직임을 설명하고자 미적분을 만들었는데, 그의 무한 개념은 엄밀한 것은 아니어서 수학적으로 완결된 모습을 갖는 데는 수 세기가 필요했다. 뉴턴과 라이프니츠의 대결과 다소 슬픈 결말에서 좀 더 생각을 전개한다면, 뉴턴의 『프린키피아』에서 보듯이 미적분을 목적으로 보았기보다는 천체와 우주를 이해하는 한 방법으로 본 통찰력이 후대에 끼친 영향력은 실로 대단한 것이었다.

유용성과 추상성의 대립 구도는 여기서 끝나지 않는다. 중세 이후 르네상스 시대에 바빌로니아의 상업수학 전통이 화려하게 부활하더니, 18세기 산업혁명 과정에서 수학은 물리학과 천문학의 발전에 혁혁한 공을 쌓는다. 19세기가 되면서 수학의 양상은 많이 달라진다. 수학과 유용성을 별개로 생각한 고대 그리스의 전통이 다시 되살아나며 철저하게 사변적인 수학이 등장하기 시작했다. 가우스, 리만, 코시, 아벨, 갈루아, 칸토어 등으로 말미암아 수학의 추상화가 심화되었다. 수학이 어디에 유용한지에 대해 아예 염두에 두지 않고 그 자체의 자기완결성을 지닌 수학, 그 자체의 아름다움을 지닌 수학을 추구하는 경향이 강했다. 이런 전통은 20세기 힐버트로 이어졌다.

그럼 21세기 문명은 어떤 수학을 발전시키고 있을까? 기후 변화에 대응하는 수학 이론은 그 폭이 방대하고 강력해 위기에 처한 인류의 큰 무기이며, 350년 난제였던 페르마의 마지막 문제를 해결한 와일스가 사용했던 타원곡선 이론은 오늘 날 우리 교통카드에 타원곡선 암호라는 모습으로 들어와 있다. 유용함을 염두에 두지 않은 추상적 이론은 가장 유용한 인류의 도구가 되기도 하고, 특정 목적으로 만든 수학 이론이 새로운 개념을 이끌기도 한다. 어쩌면 우리는 이 시대를 유용성과 추상성이 합의 단계에 도달하는 시기로 볼 수 있지 않을까?

『문명과 수학』이 모든 문명을 다 뒤진 것은 아니다. 바빌로니아 문명이 빠져 있고, 무엇보다 중국 문명이 다뤄지지 않은 건 상당히 아쉽다. 진시황의 분서갱유로 고대 중국 수학에 관한 자료가 남아 있지 않아서일까? 어쩌면 이 프로그램으로 문명의 역사를 따라 가며 수와 수학의 세계로 독자를 이끈 뒤에 전열을 가다듬고 나서 본격적으로 중국 문명을 따라가 볼 생각인지도 모르겠다. 『문명과 수학』 2.0을 기다린다.

서문

세상 모든 지식의 문으로 들어가는 열쇠

문명의 역사는 곧 수학의 역사

나폴레옹은 본격적인 유럽 정벌에 앞서 훗날 프랑스 과학 기술 연구의 전위가 되는 에콜폴리테크니크를 설립했다. 18세기 독일은 수학과 과학 연구에 대한 대폭적인 투자로 국가 중흥의 기초를 마련했으며, 미국은 2차 세계대전 중 히틀러를 피해 망명한 유럽의 수많은 학자들을 받아들임으로써 20세기의 최대 강국으로 급부상할 수 있었다. 고대 이집트에서 21세기 초 강대국에 이르기까지 문명을 선도하는 나라들에게 과학 기술은 결코 빼놓을 수 없는 무기다. 그런 첨단 과학 문명이 수학이라는 학문을 젖줄로 하고 있음을 모르는 사람은 아마 없을 것이다.

영국의 수학자 고드프리 하디는 "내가 한 발견 혹은 앞으로 하게 될 발견은 직접적이든 간접적이든, 좋든 나쁘든 세상의 편의와는 별로 관계가 없다"라고 말했다. 그럼에도 하디의 연구는 유전학의 진화 연구에서 중요한 하디-바인베르크 법칙의 모태가 됐고, 그의 정수론 역시 군사 분야에서 빼놓을 수 없는 암호학이 발전하는 데 기여했다.

이런 사례는 무척이나 흔하다. 17세기에 발명된 미적분은 오늘날 운동(물리학), 물질의 화학 반응(화학), 생물체의 혈류 속도와 혈압(생물학), 한계 비용과 이익(경제학), 용암의 냉각 비율(지질학), 댐의 수량 비율(공학), 대기압의 변화율(기상학) 등 인문 과학과 자연 과학의 경계를 가리지 않고 인류 문명의 전반에 걸쳐 영향을 미치고 있다. 갈루아의 대수 방정식 해법에 도입된 군(群) 이론이 오늘날 물리학자를 비롯해 공학자, 언어학자, 인류학자까지도 사용하는 언어가 됐다는 사실도 낯설지가 않다. 수학은 기술적 편익을 위한 도구가 아니다. 하지만 인류 문명의 발전사에서 수학은 절대적 필요조건임을 부인할 수 없다. 인류 문명사는 곧 수학의 발전사와 궤를 같이하고 있다.

수학 다큐멘터리의 완결판, 〈문명과 수학〉

이 책 『문명과 수학』은 2011년 EBS 다큐프라임 5부작으로 제작된 동명의 원작을 지면으로 옮긴 것이다. 다큐프라임 〈문명과 수학〉은 방영 당시 수학에 대한 대중적 인식의 확산에 기여한 공로로 '제48회 백상예술대상'에서 TV 부문 교양작품상, '2012 방송통신위원회 방송대상'에서 대상 수상의 영예를 얻기도 했다. 이는 2년에 걸친 기획 조사와 자문, 1년이 넘는 촬영 기간 동안 〈문명과 수학〉 제작진이 기울인 노력의 결실이었다. 2011년

12월 19일 첫 방영을 시작한 원작 다큐에서 시청자들은 이미 이집트, 그리스, 인도를 거쳐 유럽으로 이어지는 문명사 속에 녹아든 수학을 생생히 접할 수 있었다.

수학을 주제로 한 국내 다큐멘터리의 신기원을 이룩한 작품이니만큼 〈문명과 수학〉에 담긴 대상과 풍경은 그 자체만으로도 충분히 가치 있는 자료가 되었다. 헨리 린드가 발견한 이집트의 아메스 파피루스 촬영을 위해 제작진은 1년간의 끈질긴 요청 끝에 대영박물관의 허락을 받을 수 있었다. 이집트의 라메세움 등 고대 유적들을 담기 위한 항공 촬영도 이뤄졌다. 이런 각고의 노력으로 영국왕립학회의 전폭적인 지원을 이끌어 내어 뉴턴의 육필 메모가 생생한 『프린키피아』의 초고를 촬영할 수 있었다. 또한 독일 철학자 라이프니츠의 최초 사칙연산 계산기가 처음으로 카메라 앞에 그 모습을 드러낸 일도 빼놓을 수가 없다.

그러나 제작진이 가장 공을 들인 부분은 작품에 수학적 깊이를 담고 이를 최대한 쉽게 전달하는 것이었다. 수학 전문가들과 방송 제작진과의 협력이 무엇보다 중요해지는 대목이었다. 수의 발견, 최초의 곱셈, 최초의 파이, 미적분 등 프로그램의 내용을 어떻게 해야 일반 시청자들에게 쉽게 전달할 수 있을까? 여기에는 쉽고 간결한 전달 방식에 더해 수학 전문가들의 정확한 내용 검증이 수반되어야 했다. 제작진은 방송 2년 전부터 프로그램에 적극적으로 참여한 대한수학회 교수들과의 긴밀한 협력 아래 이 어려운 난제를 풀어 나갈 수 있었다. 더불어 학계의 지원도 뜨거웠다. TV 방영에 앞서 2011년 11월, 과천과학관에서 한양대 김용운 명예교수와 고려대 김영욱 교수가 '문명과 수학'을 주제로 대중 강연회를 여는 등 다채로운 행사가 마련되었던 것이다.

영상 문법과 수학은 언뜻 동떨어져 보인다. 이는 방송에서 수학 등 기초 과학 분야를 등한시한 이유였을 것이다. 이런 점에서 다큐멘터리 〈문명과 수학〉은 '눈에 보이는 세상 너머, 드러나지 않은 이면의 세계를 좇는' 학문인 수학을 영상화했다는 데 큰 가치를 가진다. 프로그램을 연출한 김형준 PD의 기획 의도 역시 여기에 있다. 그는 이 작품에서 '수'와 '기하'라는 존재들이 학문 속에서만 묻혀 있는 것이 아니라 우리 삶에 내재한 것임을, 또한 그것들이 보이지 않게 문명을 움직이고 있음을 보여 주고 싶었다고 말한다. 다양한 실험과 새로운 시도로 '공익성'과 '대중성'을 실현시키며 한국 과학 다큐멘터리의 새로운 영역을 개척했다는 평가를 받은 〈문명과 수학〉. 이런 평가 이면에는 눈에 드러나지 않은 제작진의 열정과 의지가 오롯이 녹아들어 있다고 하겠다.

〈문명과 수학〉 업그레이드 버전, 책으로 만나다

책으로 만나는 〈문명과 수학〉. '수는 어디서 시작되었을까?'라는 질문에서 출발한 우리의 여정은 마침내 우주의 형태를 고민하는 데까지 다다르게 될 것이다. 이 책 『문명과 수학』은 총 5부로 구성된 원작 다큐멘터리의 흐름을 좇되, 보다 발전적인 구성 방식을 택하고 있다. 영상 문법과는 다른 책의 특성을 살려서 내용을 다채롭게 보강하는 한편, 원작에서는 다뤄지지 않은 '중세 학문의 메카' 이슬람 부분을 추가했다. 또한 원작의 텍스트를 보강한 본문 외에 좀 더 수학적 이해가 필요한 부분을 부록으로 구성함으로써 내용의 깊이를 더하고자 했다. 원작을 경험한 이들이라도 이 책을 통해 더욱 깊이 있고 흥미로워진 수학의 세계를 만나게 될 것이다.

세계 7대 난제의 하나였던 '푸앵카레 추측'을 증명한 그리고리 페렐만은 세계 수학계가 주목하는 성과를 일궈 낸 후 어떤 보상도 거부했다. 최고 대학의 임용도, 수학계의 노벨상이라 불리는 필즈상 수상도, 문제 해결에 따른 상금 100만 달러도 마다했다. 그 이유를 묻는 사람들에게 그가 들려 준 답변은 아주 간결했다.

"내가 우주의 비밀을 쫓고 있는데 어찌 100만 달러에 연연해하겠는가?"

어쩌면 페렐만의 태도는 '세상의 편의를 위해 수학적 발견을 하지 않는다'는 고드프리 하디의 생각과 통할지도 모르겠다. 수학은 세계의 비밀, 가려진 진리를 좇는 것으로서만 의미가 있을 뿐 그것으로 다른 무언가를 위한 도구가 되어서는 안 된다는 생각 말이다. 수학이 문명의 진보에 기여한 것은 오직 결과론일 뿐이다. 수학은 진리 탐구의 매개일 뿐 그 외의 것이 목적을 대신할 수는 없다.

"내 눈앞에는 아직도 밝혀지지 않은 진리를 안고 있는 넓은 바다가 펼쳐져 있다."

끝없는 호기심과 동경의 눈으로 진리의 바다 앞에 선 아이작 뉴턴, 그 역시 '수학자'였다.

오늘날 수학은 대입 수능 시험의 중요한 도구로 전락하고 말았다. 피타고라스가 세계의 근원을 묻고 진리를 탐구하던 영역으로서의 수학은 점점 퇴색해 가고 있다. 수학의 현실은 현대의 모든 학문이 처한 위기이기도 하다. 세상의 신비를 캐고, 진리를 알아 나가는 즐거움. 학문의 본질은 바로 여기에 있다.

이 책을 통해 다시 뉴턴과 페렐만의 생각에 공감하는 계기가 되었으면 한다. 그것이 삶을 풍성하게 만들어 줄 거라고 믿기 때문이다. 수학이 도구에 앞서 그런 지적 즐거움의 통로가 된다는 자각이야말로 '난해한' 수학의 이미지를 바꿀 계기가 되어 줄 것이다.

이 책이 뉴턴이 동경하며 서 있던 진리의 해안으로 독자들을 이끄는 안내서가 되기를 진심으로 바란다.

제1부

수의 시작

기원을 그리워하는 자의 순례지.
이 땅은 전혀 다른
두 개의 얼굴을 가지고 있다.
사막과 농토, 메마름과 풍요로움,
죽은 자와 산 자, 신화와 역사,
극단적인 것들이 당연하게 공존하는 땅.
지금 우리는 '모든 것의 시작'으로
가는 중이다.

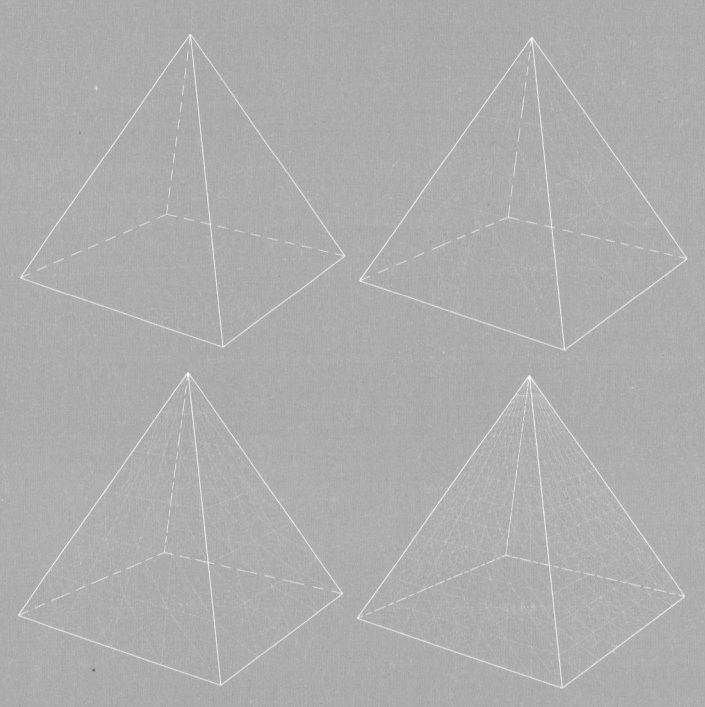

어떤 엉뚱한 상상 하나

　고대 사하라 사막의 베르베르 유목민 한 사람이 사라진 양 한 마리를 찾아 어느 동굴에 들어선다. 잠시 후 판타지 영화의 한 장면처럼 유목민의 모습이 사라지고, 화면은 순식간에 21세기 이집트 카이로 도심의 한복판으로 이동한다. 시간의 길을 훌쩍 건너온 자, 그 선사시대 사람의 눈에 비친 21세기 풍경은 어떤 모습일까?
　이집트 카이로에서 가장 오래된 최대 시장 '칸 엘 칼릴리'까지 오는 동안 우리의 베르베르 유목민은 카이로 도심의 악명 높은 교통 혼잡에 얼이 빠진 모습이다. 현지 사람조차 "어떤 일이든 카이로에서 길 건너기보다는 쉽다"고 말할 정도로 아수라장이 아닌가. 그러나 가까스로 시장에 들어선 그는 이 현란한 별세계에 금세 매혹돼 버린 눈치다.

금빛 은빛으로 도금된 골동품들, 화려한 아라베스크 문양의 카펫과 옷가지들, 천연색 장신구에다 군침 도는 먹을거리까지……. 탐나는 것이 한두 가지가 아니다. 도심에서 자동차에 혼쭐 났던 기억도 잠시, 유목민은 자신의 전 재산인 양가죽을 꼭 동여맨다. 몇몇 성마른 장사치가 남루한 행색의 그를 쫓아내기도 했지만 용맹한 베르베르인의 용기를 꺾을 수는 없다.

그러나 이 세상의 질서는 유목민이 살던 곳과 너무도 다르다. 수학의 전형들이 바로 이곳에 있다. 아무리 마음에 드는 물건을 발견해도 '계산' 없이는 그 무엇도 손에 넣을 수 없다. 뿐만 아니라 사람들이 '시계'나 '저울'이라 부르는 것들에도, 도처에 늘어선 온갖 사물에서도 계산이 필요한 기호들이 붙어 있다. 베르베르인이 오늘 본 것이라고는 오가는 물건 없이 이상한 그림(숫자)만 무성한 요지경 같은 풍경뿐이다.

일찍이 피타고라스는 "만물의 원리는 수(數)이며 만물은 수를 모방한다"라고 말했다. 이 말에 동의하든 동의하지 않든 기실 우리 삶이 수와 밀

접한 관계가 있다는 사실만큼은 인정할 수밖에 없다. 우리는 본능적으로 수학을 한다. 보기만 하면 바로 개수를 세어 보고, 그 양을 가늠한다. 어떤 것은 높이가 눈에 들어오기도 한다. 또한 어떤 것은 넓이가 아주 중요하다. 이를 통해 득과 실을 구별 짓기도 하고 때로는 비교 우위에 따라 성취감을 느끼기도 한다. 이처럼 우리는 자신도 모르게 수학적 감각을 통해 즐거움을 느낀다.

『상징형식의 철학』을 쓴 독일 철학자 에른스트 카시러는 인간에게는 '상징적 체계Symbolic System'라 할 수 있는 '제3의 연결물'이 있다고 했다. 즉 "인간이 다른 동물에 비해 단순히 넓은 현실 속에서 살고 있는 것뿐 아니라 현실의 한 '새로운 차원Dimension' 속에서 살고 있다"는 것이다.

인류가 만들어 낸 모든 추상적 기호는 인간과 외부 세계를 잇는 제3의 연결물이다. 이 표현은 당연히 수라는 상징적 체계에도 적용된다. 어찌 보면 수란 인간이 세계의 원리를 드러내는 가장 고도화된 이성적 표현일지도 모른다.

재고, 달아 보고, 세어 보는 능력. 도대체 언제부터 이런 능력이 생긴 걸까? 확실하게 인류의 조상이 대지 위에 출현하던 시절부터 있었던 것은 아니다. 수의 체계가 자리 잡기까지는 오랜 축적의 시간이 필요했다. 그와 함께 문명의 발달은 가속도가 붙었다. 수의 기원을 찾는 일은 인간 정신과 문명의 발달사를 좇는 여정이라고 말할 수 있다. 이는 우리가 21세기에 나타난 베르베르인의 당혹감을 이해하는 길이기도 하다.

수의 탄생

없음이 흘러갔다.
얼마나 오래 흘렀는지 아무도 모른다.
시간의 물길을 타고
저 강력한 강물이 흘러갔다.
옛날에도 지금도 앞으로도
언제나 있는
그 어떤 시작도 목표도 없이.

하지만 그러다가 어느 날
어느 날이라니, 대체 그렇게 말할 수가 있을까?
시간의 강은 짝이 그리웠다,
살과 피로 이루어진 존재가
짝을 찾듯이.
그리고 상상하기 어려운 일이지만
시간의 강과 영원한 없음의 만남에서
거의 보이지 않는 아주 작은, 펄럭이는 불꽃이 태어났다.
생명의 불꽃이.

— 남아프리카 줄루족의 구전 신화 「영원한 없음」 중에서

여기가 어딘가? 눈앞에는 넓게 펼쳐진 들판과 하늘, 여기저기서 풀을 뜯고 있는 양 떼뿐이다. 시간도 알 수 없다. 지금 우리에게는 시간, 온도, 거

리…… 손에 잡히지 않는 것을 측정할 수 있는 도구가 없다.

있는 것이라곤 친절한 유목민들이 건네준 양털 가죽 옷과 샌들, 배낭, 지팡이 정도가 전부다. 눈, 코, 귀, 입, 피부로 받아들일 수 있는 감각에만 의지한 채 살아가야만 한다. 한 가지 귀띔을 하자면 지금 서 있는 곳은 인류가 본격적인 문명 사회를 건설하기 이전의 시공이다. 오감에 의지해 살아가는 선사 시대 사람들의 생활이 눈앞에 펼쳐지고 있다. 혹시 두려운 생각이 드는가? 이 시간 여행의 멀미가 가라앉고 나면 서서히 적응해 나갈 수 있을 것이다.

우려했던 것과는 달리 정착 생활은 순조롭게 진행 중이다. 유목민이 된 당신의 눈앞에 너른 초원이 펼쳐져 있고 한가롭게 풀을 뜯는 양 떼가 보인다. 풀어 놓은 양 떼와 일정한 거리를 두고 당신은 혹시라도 침입해 올지 모르는 포식자들을 경계하는 태세를 늦추지 않는다. 놈들이 언제 출몰할지 모르기에 언제든 양을 보호할 수 있을 정도의 일정한 거리를 유지하는 것이 필수다. '거리 재기'는 살아남는 데 절대적으로 필요하다. 거리를 잰다는 건 수학적 감각의 하나다. 수를 셈하는 건 훨씬 나중에 일어난 일이고, 수학은 우선 눈에 보이는 거리를 재는 것에서 시작된다. 거리를 재는 것 자체로만 보면 동물이 인간보다 더 뛰어난 능력을 가졌는지도 모른다. 그런데 인간은 여기서 한 걸음 더 나아간다.

매일이 똑같기만 하던 어느 날, 당신은 어제처럼 양 떼를 끌고 들판으로 나왔다. 어제와 같은 양 떼를 몰고 어제와 같은 풍경을 마주한다. 양들과 나무, 바위 그리고 당신과 동행한 옆집 양치기 등 한결같은 풍경이다. 당신은 주변의 사물들을 나누기 시작한다. 보기엔 아무 관계도 없어 보이는 것들을 어떻게 나눌 수 있을까?

[그림 1]처럼 하늘, 태양, 낮달, 구름 그리고 사람, 양떼, 나무, 돌. 당신은 이들을 하늘과 땅에 있는 것으로 나눌 수 있다. 죽은 것과 살아 있는 것을 기준으로 나눌 수도 있으며, 먹을 수 있는 것과 없는 것으로도 나눌 수 있다. 그럼 이건 어떤가?

[그림 2]를 보자. 하나, 둘, 셋. 양 3마리는 돌멩이 3개와 같다. 이는 '본질'만 본 것이다. 비록 원시적이지만 인간은 사물을 수라는 추상의 기호와 연결시켜 손가락 5개 또는 10개를 사용해 셈을 하기 시작한다. 우리가 오진

그림 1

그림 2

법, 십진법의 기원이라 부르는 체계가 여기서 시작된다. 그러나 두 손 두 발 다 해 봐야 셀 수 있는 개수가 고작 20개일 뿐인 신체만으론 곧 한계에 부딪힌다. 이제 인간은 항아리에 돌멩이를 넣거나 나무 막대나 짐승 뼈에 빗금을 새겨 넣어 양의 가치를 보존하기 시작한다. 양의 수와 사물의 수를 묶어 사고할 수 있게 된 것이다.

그림 3

[그림 3]의 칼쿨리 점토 항아리(SB1967)는 이란 슈사 지역에서 출토된 숫자를 담는 그릇이다. 여기에 담는 돌멩이를 칼쿨리Calculi라고 하며, 이는 훗날 '계산'을 의미하는 라틴어 '칼큘러스Calculus'의 어원이 된다. 재산을 담고 있으니 요즘으로 치면 통장쯤 될 것이다.

당시 사람들은 단지가 깨져도 양의 가치를 그대로 보존하기 위해 겉면에 돌멩이 개수만큼 구멍을 내기도 했다. 하지만 이 때까지도 그 구멍들이 양의 마릿수와 대응하는 '수'라는 관념에 이른 건 아니었다. 그것이 실현되려면 항아리 안에 돌멩이를 담아 놓지 않고도 오직 표식만으로 양의 마릿수를 셀 수 있기까지 기다려야 했다. 이는 어느 날 양치기가 불쑥 생각해 낼 수 있는 것이 아닌, 수만 년에 걸치는 기나긴 여정이 필요한 일이다. 수의 개념이란 그만큼 어렵고 복잡한 것이었다.

지금까지 우리는 인간이 셈을 하고, 그 도구로서 수의 탄생을 살펴봤다. 추상적 사고의 시작은 세계의 무의미함을 한 꺼풀 벗겨 냄으로써 세계 질서를 그만큼 넓혀 놓았다. 줄루족의 노래처럼 짝이 그리워진 '시간'은 '영원한 없음'과 만났다. 그리고 드디어 '생명의 불꽃' 하나를 피웠다. 수 역시 그 불꽃이었다.

이제 항아리도 조약돌도 필요 없다. 남아 있는 건 사물의 개념뿐이다. 여기까지 오는 데 수만 년이 걸렸다. 아이가 두 발로 걷기까지 오랜 시간이 걸리는 것처럼 수학의 처음도 꽤나 더뎠다. 그러나 인간의 머릿속에 '수의 관념'이 자라나면서 이제 우리는 도약을 위한 주춧돌 하나를 놓을 수 있게 되었다. 그 발전의 경로를 들여다보기 위해서는 또 다른 여행을 떠나야 한다. 고대 문명의 빛나는 출발점의 하나, 이집트를 향해서 말이다.

아메스 파피루스를 만나다

메소포타미아, 인더스, 황하와 더불어 세계 4대 문명의 발상지 가운데 한 곳인 나일 강이 눈앞에 펼쳐져 있다. 이 생명의 젖줄에서 탄생한 이집트 문명은 이미 수많은 고고학자의 연구 성과로 조명받고 있다. 이 고대 왕국은 여전히 우리 곁에서 살아 숨 쉰다. 그러나 파라오, 피라미드, 상형 문자, 미라, 스핑크스 등 몇몇 단편적인 정보 외에 고대 이집트는 여전히 신비의 베일에 싸인 왕국이다. 람세스 2세의 무덤인 라메세움에서 나온 파피루스 한 장으로 이 이야기는 시작된다.

"나는 모든 사물에 대한 완전한 탐구, 모든 존재에 대한 통찰, 모든 비밀에 대한 지식을 제시하고자 이 글을 쓴다."

지금은 기원전 1650년경, 제2중간기(기원전 1781~1550년)라 불리는 변혁의 시대다. 견습 서기들을 위한 기하와 산술 문제집을 필사한 후 서기 아메스가 서문을 쓰고 있다. 필사를 마친 파피루스에는 왕국의 모든 문제를 해결할 수 있는, 2000년 전부터 내려온 것들이 적혀 있다. 바로 수학이다. 삼각형·사각형·사다리꼴·원 등 도형의 넓이와 원기둥, 피라미드의 부피를 구하는 법 그리고 단위 분수의 계산과 일차 방정식 풀이 등을 포함해 모두 84개의 문제가 담겨 있다.

당시 수학은 고위 관리자들의 전유물이었다. 아메스도 왕국의 미래를 생각해야 하는 지식인이었다. 그리고 모든 지식은 한 사람의 권력자 파라오를 위해 존재했다. 파라오는 '신들이 완성시킨 인물'이라는 자신의 이미지를 다지기 위해 계속해서 사원을 지었고, 신들에게 나라의 안전과 번영을 빌었다. 그 대가로 백성들은 파라오에게 복종과 존경 그리고 노동력을 바쳤다. 이런 암묵적 계약이 거의 2000년에 걸쳐 해체와 복구를 반복하며 신전을 완성시켰다. 온종일 건조한 바람과 모래가 불어오는 곳에서의 태동. 문명의 처음은 고된 시련이었다.

축구장 30개 정도의 크기, 134개의 기둥으로 이루어진 열주전을 가진 최대의 신전 카르나크. 이곳은 신들의 왕 '아문'을 모시는 곳이다. 이 신전은 원래는 곱게 채색이 된 화려한 신전으로, 기둥의 높이가 23미터 둘레가 15미터의, 어른 9명이 손을 잡고 빙 둘러싸야 할 정도로 장대한 규모다. 숨겨진 자 '아문'은 파라오와 이 제국의 수호신으로, 이후 태양신인 '라'와 결합되면서 가장 높은 신인 '아문 라'로 널리 알려진다. 고대 이집트에는 사람의 머릿수만큼이나 많은 신이 존재한다. 그중에는 인간에게 '수학을 하도록 만든' 신도 있다. 바로 나일의 여신 '하피'다. 그녀는 1년에 이슬비 몇 번 정도 오는 나라에 물난리를 일으키는 터프한 신이다. 이집트에는 1년 내내 거의 비가 오질 않는데도 나일 강은 풍요롭게 넘실거린다. 과연 그 이유는 무엇일까?

세계에서 가장 긴 강인 나일 강은 6,600km에 달한다. 사실 비는 이집트 남쪽 나라에서 내린다. 에티오피아와 우간다에서 우기에 내린 비로 나일 강은 시작된다. 그걸 몰랐던 이집트인들은 하피 여신이 비를 가져다 준다고 믿었다. 이 강물은 상류로부터 가져온 모든 퇴적물을 삼각주에 뿌려 놓는다. 그리고 강물이 줄어들 때면 비옥한 검은 흙이 드러난다. 문제는 땅이 비옥해지는 만큼 그 경계가 다 허물어져 버린다는 것이다. 파라오에겐 백성들한테 그들의 땅을 다시 찾아 주어야 하는 무거운 책임이 수반된다.

경계를 다시 짓는 건 수학적 문제다. 허물어져 버린 경계는 곡선으로 된 곳도 있다. 원의 넓이를 구해야 하는 '사건'이 발생한 것이다. 원 넓이는 파이(π) 값인 3.14를 이용해야 한다. 그렇다면 이 값을 모르던 시대에는 어떻

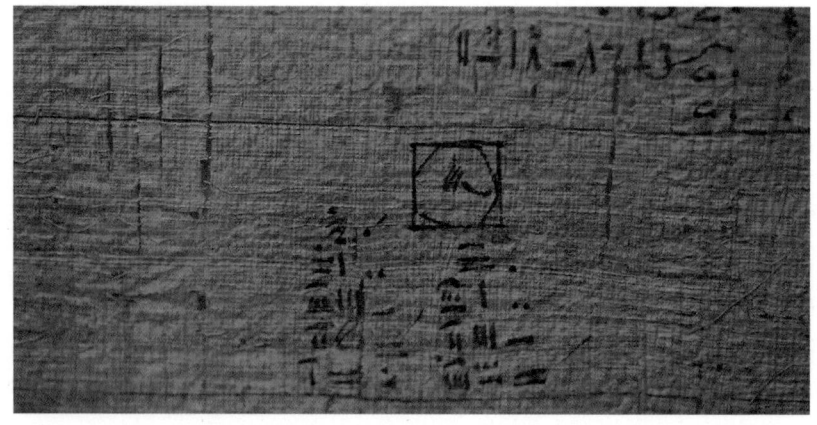

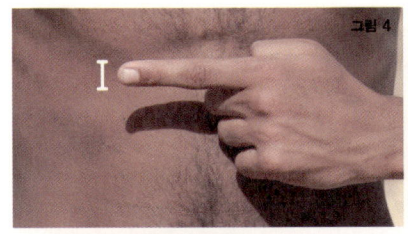
그림 4

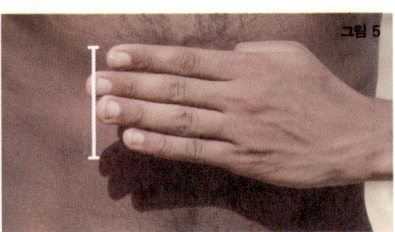
그림 5

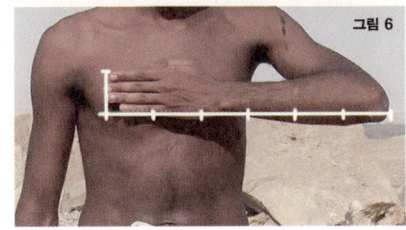
그림 6

그림 7

게 이것을 구했을까? 이것이 바로 아메스 파피루스의 50번째 문제다.

"지름이 9케트인 원의 넓이를 구하라."

그럼 먼저 '케트'가 뭔지 알아보자.

[그림 4]는 가장 작은 단위, 손가락이다. 이집트는 사람의 신체를 이용해 길이를 정한다. 그다음이 손가락 4개의 폭, 이것이 6개가 모이면 어떤 사람이든지 구부린 팔의 길이와 똑같다([그림 4~5] 참조). 그리고 [그림 6]처럼 구부린 팔 길이는 '1큐빗'이다. 이 큐빗이 100개 모인 것이 '1케트'다. 따라서 9케트는 [그림 7]처럼 900명이 팔을 서로 맞대고 늘어서야 하는 꽤 긴 길이다.

파피루스의 문제는 지름이 9케트인 원을 구하는 것이다. 그렇다면 이집트인들은 이것을 어떻게 구했을까?

먼저 원의 지름을 9등분한다. 그리고 9개 중 1을 버린다. 8등분한 값만 남는다. 이 8을 한 변으로 하는 정사각형의 넓이, 이것이 이집트인들이 생각한 원 넓이였다.

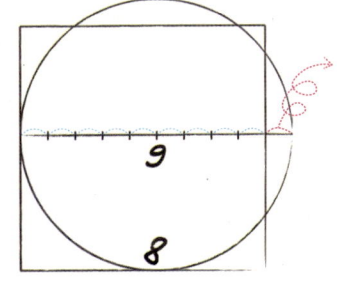

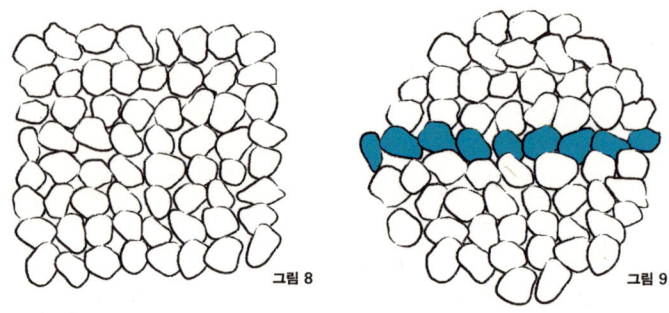

그림 8　　　　　　　　　　　　　　그림 9

그런데 이집인들은 지름이 9인 원과 한 변이 8인 정사각형의 넓이가 같다는 것을 어떻게 알았을까? [그림 8]처럼 크기가 같은 돌멩이 64개로 정사각형을 만들고, 이것을 다시 배열해 [그림 9]의 원을 만들었을 때, 지름을 이루는 돌멩이 수는 9가 된다. 그들은 이런 식으로 원과 정사각형의 넓이가 같다는 것을 알았다.

다시 파이 값을 이용해 원 넓이를 구해 보자. $4.5 \times 4.5 \times 3.14$는 63.59다. 이집트의 원 넓이 64를 비교해 보면, 현대 수학과 거의 차이가 없다는 걸 알 수 있다.

당시 국가 재정의 공급원은 농업 생산이 거의 전부였다. 해마다 나일 강이 범람한 후면 관리들은 세금을 정확하게 걷기 위해 토지 조사를 나갔다. 고대 그리스 역사가 헤로도토스가 전하는 세소스트리스 왕의 행적을 보면, 이때 지워진 경계를 복구하는 것이 막중한 국가적 과제라는 걸 알 수 있다. "나일 강에 대홍수가 일어나서 땅이 황폐화되면 백성은 이를 왕에게 호소했고, 왕은 곧 관리를 보내어 토지를 다시 측량하고 세금을 재조정하도록 했다."

농사는 훨씬 오래전부터 시작되었지만, 수학은 이 때쯤 나타난다. 공평하게 농민들에게 땅을 나눠 주고 세금을 거두려면 '도형에 대한 연구', 즉 '기하'를 제대로 해야 했다.

　구체적으로 토지의 길이를 측정하는 방법도 여기서 비롯된다. 먼저 그들은 길이를 재기 위해 일정 간격으로 매듭을 묶은 밧줄을 사용하여 넓이를 구한다. 그러나 넓이를 구하는 일은 그 땅 모양이 삼각형이든 사각형이든 '곱셈'이라는 또 다른 수학을 요구한다. 아메스가 어떻게 이를 해결했는지 살펴보자.

　예를 들어 가로가 4미터, 세로가 5미터인 땅의 넓이를 구한다고 했을 때, 4 곱하기 5는 20이다. 하지만 고대 이집트에는 지금과 같은 곱셈 방법이 없었다. 아메스 시대의 셈법은 이러하다.

　우선 4를 왼쪽에 놓고 오른쪽에는 1을 놓는다. 그다음 위의 것을 각각 2배씩 더한다. 즉 오른쪽도 2배를 하면 2가 된다. 그렇게 검은 돌이 5가 될 때까지 배를 계속해 나간다.

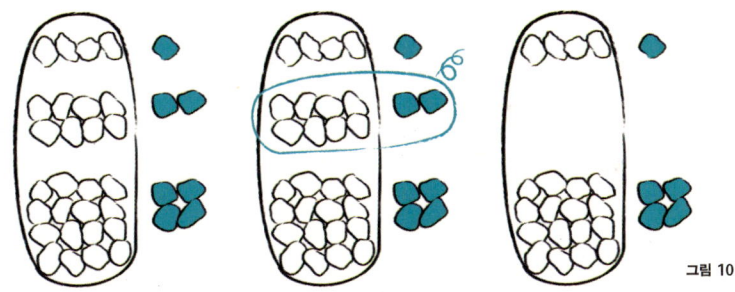

그림 10

　[그림 10]에서 가운데 돌무더기를 빼면, 오른쪽의 검은 돌이 5가 된다. 이때 왼쪽의 흰 돌 개수를 세어 보면 20이다.

　이집트인들처럼 더하고 빼고 나누는 문제는 우리에게도 중요하다. 우리는 그 문제를 해결하면서 오늘에 이르렀다.

　완성한 파피루스를 들여다보는 아메스의 얼굴에 미소가 어린다. 젊은

견습 서기들은 이 문서로 공부를 할 것이며, 장차 이집트 왕국을 운영해 나갈 핵심 인재가 될 것이다. "이집트 문명은 나일 강의 선물이다"라는 말은 결국 천문, 측량(기하), 산술의 발전사에도 해당된다.

지금 우리는 강물의 비밀을 알고 있다. 그러나 강 주변에 펼쳐 놓은 고대 이집트인들의 기하는 언제나 경이롭다.

공평한 월급 분배는 어떻게 이루어졌을까

이집트 다슈르의 붉은 피라미드는 4500년 동안 이어져 온 높이 97.5m, 밑변 213m의 건축물이다. 도대체 이 무거운 돌들을 어떻게 이처럼 거대하게 쌓은 것인지 놀랍기만 하다. 조금씩 겹쳐 쌓은 걸 보니 처음부터 돌의 무게를 계산했다는 걸 알 수 있다. 이 공사에는 거의 1만 명 정도의 일꾼이 동원됐을 것이다. 이 사람들을 먹이고 입히는 일, 어마어마한 공사 비용은 왕실의 운명을 좌우하기도 했을 터이다. 미국 히스토리 채널에서는 피라미드 1기에 투입된 비용을 총 3,800억 달러로 추산한다. 우리 돈으로 약 380조가 들어간 셈이다. 비용도 비용이지만 그 견고한 거대함은 지금까지도 풀리지 않는 가장 어려운 수학 문제 중 하나다. 그러나 여기서 우리가 짚고 넘어가려는 중요한 수학 문제는 피라미드 안에 있지 않다.

최근에 기자 피라미드 근처에서 고대 마을 하나가 온전한 상태로 발굴되었다. 조사 결과 피라미드를 건설한 노동자들의 마을이었다. 발굴 당시 발견된 여러 유골들 중에는 성인 남자뿐 아니라 여자와 어린아이의 유골도 있었다. 그것은 피라미드를 건설한 사람들이 노예가 아니라 자유롭게 가정을 꾸린 계약 노동자였다는 사실을 보여 준다. 대공사장 부근에는 항상 이런 노동자 마을이 있었다. 한 가족당 6~7명의 아이들을 두어 골목마다 아이들로 넘쳐났다. 8일을 일하면 이틀을 쉬고, 아프거나 일이 생기면 한 달에 6일까지도 휴가를 낼 수 있었다. 여자들은 음식을 만들었다. 남자, 여자, 아이 모두 3000년 전 사람들도 우리 삶과 크게 다르지 않았다.

국가는 노동자에게 월급을 지급했는데, 당시 이집트 서기들은 급료를 나눠 주는 업무를 맡았다. 화폐는 아직 없었고, 급료는 빵이나 보리 등 곡식으로 지급됐다. 한 자료에 따르면 노동자들은 매달 1.5자루의 보리와 4자루의 밀을 받았고, 서기와 조장은 2자루의 보리와 5.5자루의 밀을 받은 것으로 알려졌다. 서기들이 급료를 지급할 때 가장 중요한 것은 분배의 문제였다.

노동자 마을의 어느 하루를 들여다보자. 오늘 급료를 받을 노동자는 10명이다. 빵은 9개로, 하나씩 주자니 빵이 부족하다. 한 사람이 빠지면 될까? 그럴 수는 없다. 공평함이 무너지면 당연히 분쟁이 일어날 테니까 말이다. 새로운 숫자가 필요하다. 바로 분수다.

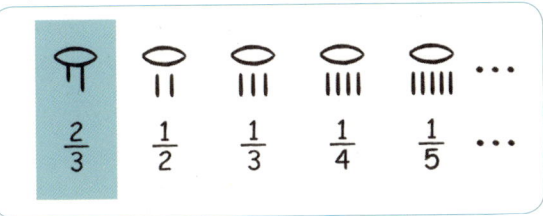

잎 밑에 손가락 두 개는 2분의 1, 세 개는 3분의 1이다. 이런 식으로 이집트 사람들은 분자가 1인 '단위 분수'만 썼다. 이유는 모르지만 3분의 2만은 예외였다. 이제 9개의 빵을 노동자 10명에게 나눠 주는 경우를 생각해 보자. 먼저 가장 큰 분수인 3분의 2를 사용하여 3분의 2씩 떼서 10명에게 나눈다.

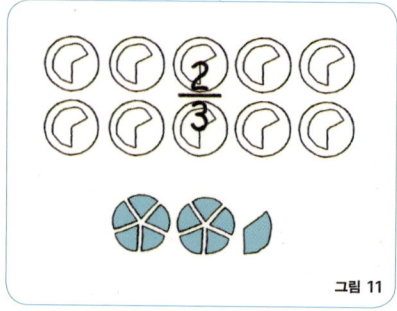

그림 11

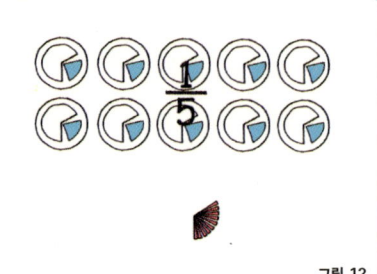

그림 12

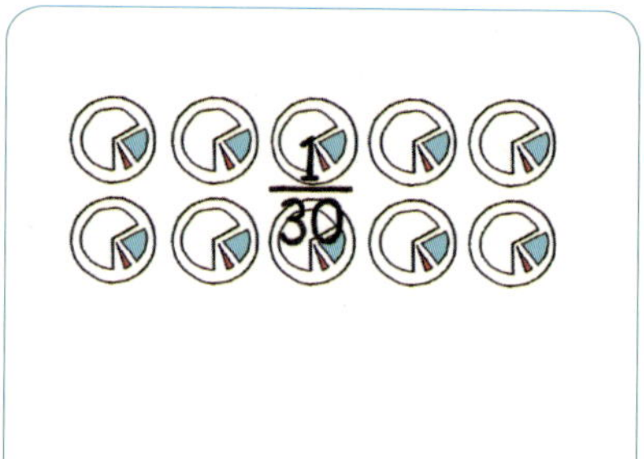

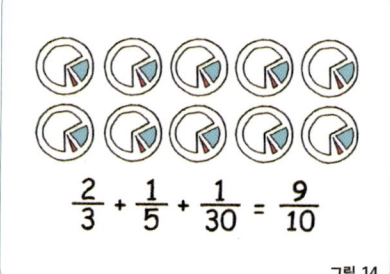

그림 13

$$\frac{2}{3} + \frac{1}{5} + \frac{1}{30} = \frac{9}{10}$$

그림 14

그다음 남은 빵 2개와 3분의 1조각을 10개를 만들 수 있는 분수를 찾는다. 2분의 1로는 10명에게 공평하게 나눠지지 않으니 5분의 1로 나눠 보자. [그림 12]처럼 가능하다. 그러면 마지막으로 남은 3분의 1을 10조각으로 나누려면 어떻게 해야 할까? 그렇다. [그림 13]처럼 30분의 1이 필요하다.

자, 한 사람 앞에 빵 $\frac{2}{3} + \frac{1}{5} + \frac{1}{30}$ 이 생겼다. 현대 수학으로는 [그림 14]처럼 $\frac{9}{10}$ 로 표현된다.

이제 노동자 10명이 빵 9개를 갖고 만족한 결과를 얻었다. 실로 절묘한 균형이다. 이것이 바로 수의 세계다. 보이지는 않으나 현실 너머에서 세상을 움직이는 힘이다. 그러나 우리는 여전히 그 힘을 모르는 채 일상생활을 꾸려 가고 있다.

고대인들은 무슨 '수'로 계산을 했나

인간은 오랜 시간을 거쳐 수라고 하는 추상적 언어를 만들어 냈다. 마치 아이가 말을 배우듯 추상적 언어를 말하는 과정을 거쳤다. 수는 점점 세련된 형상을 갖춰 갔다. 고대 문명인들은 그것을 통해 세계의 비밀을 탐색하기 시작했다. 바로 기하와 산술의 세계다.

아름다운 상형 문자를 만들어 낸 민족답게 고대 이집트인들은 숫자도 주변 사물을 흉내 내어 만들었다.

나무 막대기 하나로 1을 형상화했다. 뿐만 아니라 1에서 9까지는 직관적으로도 이해가 가능할 만큼 아주 쉽게 만들었다.

그러면 열 번째 수인 10은 어떨까? 마치 말발굽에 다는 편자를 닮았다.

100은 밧줄을 형상화한 것이다. 옛날 이집트에서 땅을 재던 밧줄에는 보통 100개의 매듭이 달려 있었다.

그다음 1000은? 이집트에 지천으로 깔린 연꽃이다.

숫자 100만의 모양은 참 재미있다. 화들짝 놀라 양손을 하늘로 쳐든 사람의 모습이다. 고대 이집트인들에게 100만이란 숫자는 저런 추임새를 불러올 만큼 거대한 숫자였는지도 모른다.

마지막으로 1000만은 태양의 모습이다. 헤아릴 수 없는 큰 숫자는 파라오나 신의 위대함과 가깝다고 여겼기 때문이었을까.

숫자를 익혔으니 이제 연습 문제 하나를 풀어 보자. 다음에 나온 그림을 인도-아라비아 숫자로 적으면 어떻게 될까?

1000이 두 개, 10이 하나, 1이 네 개.

맞다! 정답은 2014이다.

앞서 "지름이 9케트인 원의 넓이를 구하라"고 했던 아메스 파피루스의 50번 문제를 기억할 것이다. 아메스 파피루스는 그리스 수학이 발흥한 시대보다 1000년이나 앞선 고대 문명의 보물이다. 이집트인들이 보여 준 지혜는 감탄스러울 정도다. 그들은 원과 사각형이라는 이질적인 두 도형의 관계를 알고 있었다. 더불어 우리는 당시의 이집트 서기들이 원과 정사각형의 면적 사이에 존재하는 오차에 무관심했다는 사실도 함께 알게 됐다. 이런 태도는 메소포타미아의 서기들이라고 해서 예외는 아니었다. 이들 고대인에게 중요한 것은 원리와 치밀한 증명이 아닌 현실 문제의 해결이었으니까 말이다. 이는 어느 수학사가가 말했듯 "이집트의 수학이 그 오랜 역사를 거치면서도 거의 같은 상태를 답보"하게 된 원인이기도 했다.

삼각형, 사각형, 사다리꼴 등의 도형을 이용해 곡선의 면적을 구하는 '착출법(搾出法, 또는 소진법消盡法)'이 나온 것은 그로부터 1000년이나 지난 후였다. 그리스의 아르키메데스를 통해 완성된 이 방법이 17세기 미적분학의 탄생에 영향을 미쳤다는 건 널리 알려진 사실이다.

그리스 수학자들이 수세기에 걸쳐 흡수한 이집트와 메소포타미아의 수학 문서들은 이제 거의 사라지고 없다. 그러나 그들이 기하와 산술에 관해 남긴 엄청난 양의 파피루스 문서와 점토판이 없었다면 수학사의 혁명은 한참이나 뒤처졌을 것이다. 기원전 6세기, 그리스인들로 인해 시작된 새로운 수학의 창세기 말이다.

제2부

원론

고대 이집트인들의 문명은
'기하'라는 토대 위에서 건설되었다.
그러나 이제 수학은
새로운 땅에서
새로운 문명과 함께 시작된다.

수학은 제왕의 학문이었다

기원전 4세기 이집트 알렉산드리아의 왕궁. 프톨레마이오스 1세가 다소 긴장한 얼굴로 앉아 있다. 그가 누군가! 아프리카 대륙에서 동방의 인도까지 알렉산더 대왕과 함께하며 혁혁한 전과를 거둔 무장(武將)이었다. 이제 그는 이집트 제32왕조의 첫 번째 파라오가 되었다. 그런데 무엇이, 제국의 지존인 그를 긴장시킨 걸까?

곧 스승이 찾아와 강의를 시작할 시간이다. 이 수업은 제왕의 권력으로도 어찌해 볼 도리가 없는 것이다. 파라오의 입에서 짧은 한숨이 새어 나온다. 뚜벅뚜벅, 어느새 저만치서 스승이 걸어오고 있다. 나이 많은 학생이 큰 한숨을 쉬며 다시 마음을 다잡는 사이 스승이 두루마리 한 아름을 안은 채 다가선다. 바로 『원론』의 저자 유클리드다.

이집트에서 서기 아메스가 파피루스를 필사한 지 1000여 년의 시간이 흐른 후, 수학의 중심은 지중해 연안으로 옮겨 왔다. 고대의 '경험적'이고 '실용적'인 차원의 수학을 흡수한 그리스인들은 이집트와 바빌로니아 서기들이 사용한 원리들을 명증한 언어로 끌어냈다. 우리는 그 태도를 '증명'이라 부르고 그 방식을 '연역'이라고 한다. 주어진 해법에 따라 문제를 푸는 것과 그 안에 내재된 '보편적 원리'를 규명하려는 태도 사이에는 커다란 차이가 존재한다. 그리스 수학의 여명은 바로 이런 문명의 변곡점에서 시작되었다. 유클리드의 『원론』은 그리스적 사유 체계를 예증하는 상징이다.

『원론』은 당시 왕이 배웠던 수학 책이기도 하다. 프톨레마이오스 1세는 제국의 왕으로서 논리, 윤리, 철학 등과 함께 필수 과목으로 수학을 배웠다. 왕에겐 특히 수학 수업이 중요했다. 언뜻 봐도 낯선 도형들로 가득 차 있는 이 책을 왕은 왜 배워야만 했던 걸까.

그러나 아직은 『원론』의 첫 페이지를 넘길 때가 아니다. 이것을 조명하기 전에 그리스 수학의 산파로 불릴 만한 인물을 먼저 만나 봐야 한다. 사모스 섬의 피타고라스라고 불리는 이가 바로 그 주인공이다.

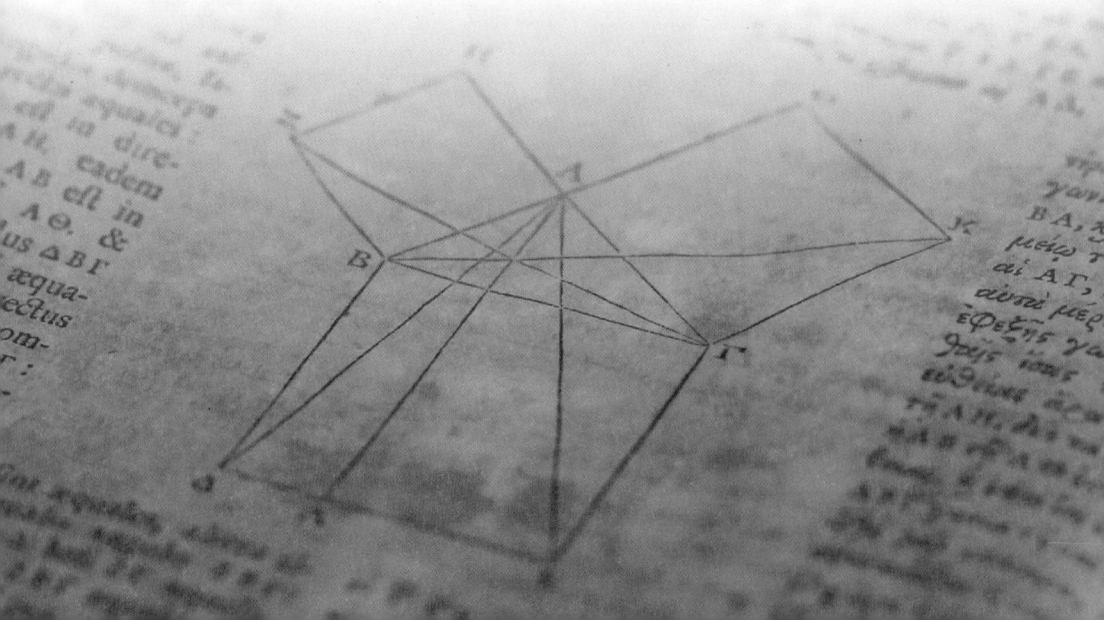

세상은 무엇으로 이루어졌을까

석가모니와 공자, 노자와 같은 시대의 사람이었던 사모스 섬의 피타고라스. 그는 예언자이며 신비론자이자 철학자 탈레스의 제자였다고 한다. 수학사에서 결코 빼놓을 수 없는 인물이지만 그의 삶과 행적은 묘연하다. 피타고라스는 이집트와 바빌론 등지를 20년 넘게 돌아다니다가 고향 사모스로 돌아왔다. 당시 그리스 지식인들 사이에서는 사물의 뒤에 숨은 보이지 않는 원리를 찾는 것이 대유행이었다. 피타고라스 역시 '세상은 무엇으로 이뤄졌을까?'라는 질문에 대한 답을 얻기 위해 긴 여행을 떠났던 것이다.

이집트 사막에는 그리스의 파르테논보다 2000년 전에 지어진 거대한 건축물이 있었다. 바로 피라미드다. 피타고라스가 본 것은 지금과 달랐다. 주변을 두른 외장석은 햇빛이 반사돼 찬란하게 빛나고 있었다. 여기서 그는 그리스인답게 이집트 사람들이 관심을 갖지 않았던 무엇인가를 본다. 그렇다. 거대함과 피라미드를 제거하고 남은 단순한 도형이다. 한참 골몰하던 그가 모래 바닥에 작은 직각 삼각형을 그린다. 이집트 사람들은 직각 삼각형을 이루는 세 변의 비를 이미 알고 있었다. 3:4:5다.

저 거대한 직각 삼각형과 이 작은 직각 삼각형은 같다. 그런데 이 숫자는 왜 직각 삼각형을 이루는 것일까?

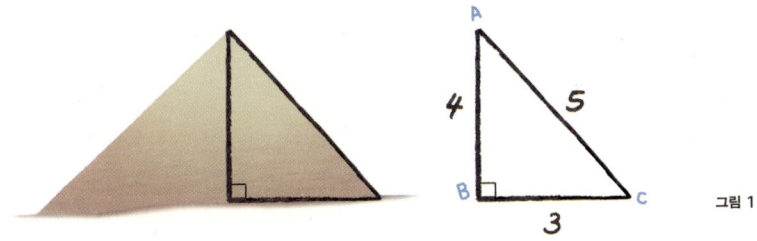

그림 1

그림 2

바빌론에서는 더 놀라운 것을 보게 된다.

[그림 2]는 직각 삼각형을 이루는 여러 숫자를 적어둔 이라크 센케레에서 출토된 석판이다. 여기에 적힌 쐐기 문자를 현대 숫자로 풀어보니 119, 169, 3367, 4825……, 직각 삼각형을 이루는 숫자들이 3, 4, 5 말고도 이렇게 나 많다. 그런데 왜 어떤 수는 되고, 어떤 수는 안 되는 걸까? 피타고라스는 그 실마리를 고향 사모스 섬에서 풀게 된다.

PYTHAGORAS

사모스 섬은 그리스 남동쪽에 위치한 작은 섬이다. 피타고라스가 지금까지도 유명세를 이어 온 덕분에 이 항구는 그의 이름을 빌리고 있다. 지금은 인구 5만 명이 사는 조용한 관광지이지만 당시엔 그리스에서 손꼽히는 상업 요충지였다. 무명의 청년으로 사모스 섬을 떠난 피타고라스는 그리스로 돌아와 유명인사가 되었다. 우리도 알고 있는 그의 직각 삼각형 이론 때문이다.

'피타고라스 정리'. 수학을 공부하면서 한 번쯤은 들어봤을 유명한 공식이다. 여기서 하나의 궁금증이 생긴다. '이집트와 바빌론에서도 이미 직각 삼각형을 이루는 숫자들을 알았는데, 왜 하필 피타고라스의 이름이 붙었을까?'

힌트는 바로 음악에 있다. 고향에 돌아와서도 피타고라스는 이집트와 바빌론에서 발견한 숫자들을 계속 쫓았다. 생각하기 좋아하는 그리스인이어서 그랬을까? 그는 절대 포기하지 않았다.

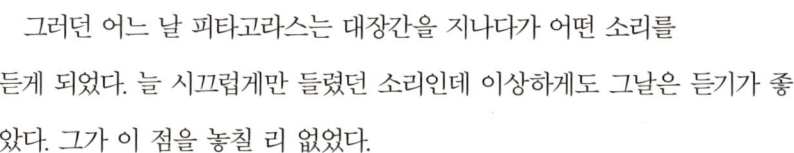

그러던 어느 날 피타고라스는 대장간을 지나다가 어떤 소리를 듣게 되었다. 늘 시끄럽게만 들렸던 소리인데 이상하게도 그날은 듣기가 좋았다. 그가 이 점을 놓칠 리 없었다.

'평소와 달리 이렇게 좋은 소리가 나는 이유는 뭘까? 불의 온도, 쇠의 재질? 도대체 무엇이 그 차이를 만든 걸까?'

생각에 골몰하던 피타고라스는 마침내 그 비밀에 가 닿는다. 바로 '길이'였다. 베타와 감마, 2와 3이라는 숫자였던 것이다. 피타고라스가 찾은 3과 2는 도와 솔의 길이였다. '완전 5도'를 이루는 음정 말이다. 3과 2, 즉 3분의 2의 비율은 어떤 것이든

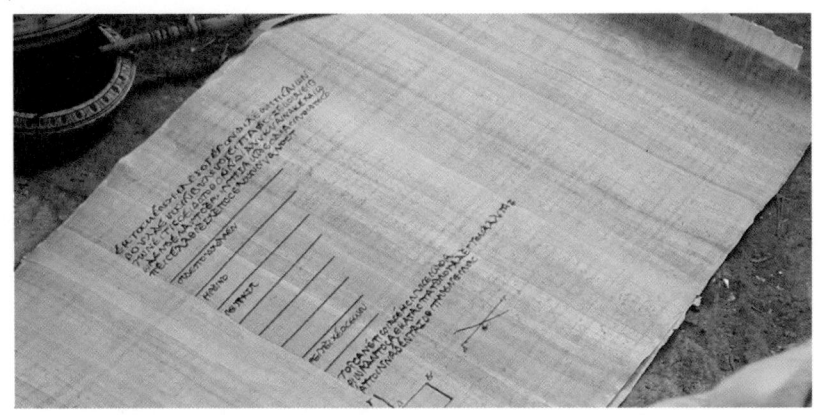

화음을 이룬다. 여기서 그는 한 걸음 더 나아간다.

"3분의 2가 화음을 이룬다면, 그 3분의 2에서 3분의 2 역시 화음을 이룰 것이다!"

그랬다. 어떤 선분과 그 3분의 2가 되는 선분은 화음을 이룬다. 그 원리를 적용해 피타고라스는 계속 조화로운 소리를 찾아 나간다. 어떤 길이의 3분의 2씩 계속 화음을 찾아보고 이것을 다시 배열한다. 그리고 비율을 유지한 채 길이를 늘려 본다. 역시 조화롭다. 피타고라스의 7음계는 이렇게 해서 만들어졌다. 그는 비로소 '조화를 이루는 것의 비밀'을 알게 된 것이다.

조화로운 음악은 우리를 아름다운 세계로 데려간다. 사람들은 피타고라스 이전까지 음악은 저절로 생겨나는 아름다움이라고 생각했다. 그러나 음악 속에 숨겨진 감동의 비밀을 찾아가다 보면 우리는 길이의 비, 곧 수의 비율과 만나게 된다. 이런 정수의 비는 음악에만 존재하는 것이 아니다. 피타고라스는 끝없는 성찰을 통해 단 하나의 답에 이르게 된다.

"이 세상은 정수의 비로 이루어졌다."

피타고라스는 물이나 흙, 불 등 세상의 원리를 물질에서만 찾았던 그리스 사회에 큰 파문을 일으켰다. 세상을 구성하는 보이지 않는 수, 피타고라스는 그리스인들을 '정신의 세계'로 초대했다. 그가 이집트와 바빌론에서 봤던 숫자들의 관계도 수의 비밀에 대한 연구 끝에 도달한 결론이었다. 직각삼각형을 이루는 세 변의 관계, 우리가 '피타고라스 정리'라고 부르는 원리 말이다. 그 크기가 크든 작든, 바다에 있든 땅에 있든, 우주에 존재하는 모든 직각 삼각형은 피타고라스의 정리를 따른다.

피타고라스의 정리는 $a^2 + b^2 = c^2$다. 한 변의 길이가 a인 정사각형과 b인 정사각형을 합하면 c인 정사각형과 넓이가 같다. 세상의 모든 직각 삼각형은 이 공식을 만족시킨다. 이집트와 바빌론에서 봤던 숫자도 이 숫자들이었다.

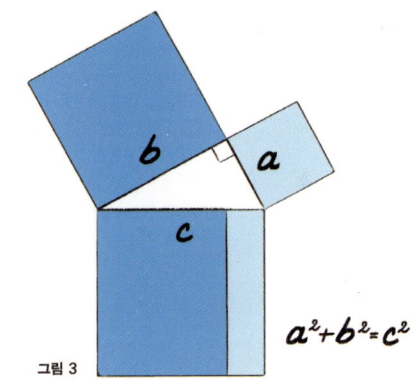
그림 3

$119^2 + 120^2 = 169^2$
$3367^2 + 3465^2 = 4825^2$
$4601^2 + 4800^2 = 6649^2$
$12709^2 + 13500^2 = 18541^2$
······

결국 수학은 피타고라스에서 출발했다고 해도 무방하다. 우리가 피타고라스를 기억하는 이유는 그가 '증명'을 통해 이 법칙을 만들었기 때문이다. 이집트와 바빌론 사람들은 그 숫자들만 알았지 '법칙'이 있다는 것을 몰랐다. 증명을 통한 법칙의 정립은 필요했고, 수학은 피타고라스로 말미암아 드디어 '정신'을 얻게 되었다.

1971년 니카라과 정부가 '세상을 뒤바꾼 10개의 방정식'이라는 주제로 기념 우표를 선보인 적이 있다. 그 때 '피타고라스 정리'의 우표 발행 순서는 두 번째였다. 1위가 최초의 덧셈인 '1 + 1 = 2'였다는 것을 감안한다면, 피타고라스 정리야말로 수학의 전환을 이룬 최고의 자리에 오른 셈이다.

그리스는 조금만 달리면 어디서든 바다를 만날 수 있다. 1,400여 개의 섬이 점점이 흩어져 있는 나라지만 피타고라스의 사상은 그리스 전역으로 널리 퍼져 나갔다. 이렇게 직각 삼각형은 영원히 그의 소유가 되었다. 이제 100년쯤 후의 세상을 만날 차례다.

'곤혹스러운 수'의 발견

한 청년이 고뇌에 찬 모습으로 생각에 잠겨 있다. 히파수스, 그는 피타고라스 학파의 일원으로 철학자이자 수학자. 그는 피타고라스의 신념을 좇아 회원이 됐지만, 어느 날 어떤 의심 하나가 생겼다. 그것은 피타고라스가 가장 자랑스럽게 여겼던 직각 삼각형에서 비롯됐다.

"$a^2 + b^2 = c^2$. 그런데 a와 b가 각각 1이면 c는 과연 얼마일까?"

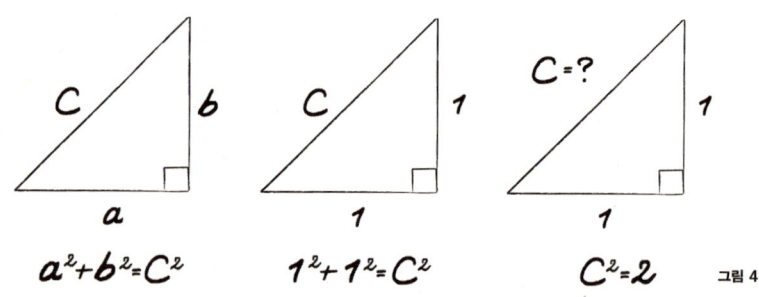

그림 4

위의 그림처럼 *c*값을 구하려면 제곱해서 2로 딱 떨어지는 수, 그 수를 찾아야 한다. 그것은 1보다는 크고, 2보다는 작은 어딘가에 있다. 1.414213562······.

히파수스는 계속 찾아 들어가다 보면 그 값이 있을 거라고 생각했지만 곧 그 수가 없다는 것을 알게 된다. 그리고 그것은 정수로 이루어진 피타고라스의 세계가 무너지는 것을 의미했다. 히파수스가 감지한 것은 그 때까지 없던 새로운 수였다. 바로 '$\sqrt{2}$', 무리수다. 히파수스는 그 때까지 존재하는 어떤 수로도 그 길이를 나타낼 수 없음을 증명해 보였다. 그것은 다시 말해 새로운 수의 세계가 존재한다는 것이었다. 그렇다면 히파수스는 이 보이지도 않는 수의 세계가 존재한다는 것을 어떻게 알았을까? 그것이 바로 '증명의 힘'이다. 그는 증명을 통해 피타고라스의 세계 너머를 볼 수 있었다.

히파수스를 포함한 피타고라스의 제자들은 스승의 가르침에 따라 종교적 명상을 수행하며 학문을 닦았다. 피타고라스 학파에서는 차별 없이 남자든 여자든 모두 받아들였고, 공동체에 속해 있는 동안 사유재산을 지닐 수 없었다. 연구 성과도 개인의 소유가 아니었기에 발표는 '피타고라스'의 이름으로만 행해졌다. 게다가 어떤 이론도 외부에 함부로 발설할 수 없었으며, 기록으로도 남기지 않았다. 피타고라스 학파의 다른 이들과 마찬가지로 비밀의 서약을 했던 히파수스 역시 발견한 지식을 무리 밖으로 발설할 수 없었다.

피타고라스 학파를 두고 역사가들은 대부분 '학문이 가미된 고대의 신비 종교'라는 데 의견을 같이한다. 그들은 영원불멸과 윤회를 믿었고, 채식 위주의 금욕적인 생활로 육체를 정화시키고자 노력했다. 그리고 이런 종교적 특성은 배움에서도 이어졌다. 이 세상이 정수의 비로 이뤄졌다는 피타고라스의 믿음은 우주 전체로까지 확대된 '절대 신념'이었다. 그 속에서 히파수스가 알아내 버린 진실은 지나치게 위험했다. 뿐만 아니라 그것은 학파 안에서는 받아들여질 수 없는 '진실'이었다. 이후 이 어마어마한 비밀을 간직하지 못하고 외부에 발설한 그를 일설에는 동료들이 절벽에서 떨어뜨려 죽였다 하고, 다른 누군가는 그를 내쫓고 가짜 무덤을 만들어 히파수스의 존재를 지웠다고도 한다. 때때로 진실은 시대의 상식에 의해 거부당하기도 한다. 그러나 벼랑 끝에 서 있던 진실은 히파수스의 피타고라스 학파보다 오래 살아남았다.

제논, 무한과 운동을 부정하다

피타고라스 학파의 회원들은 흰옷을 즐겨 입었다. 그들은 늘 함께 토론하고 연구 성과도 공유했으며, 외부에서 논쟁을 걸어 오면 함께 맞서 싸웠다.

그림 5

그들은 여전히 세상이 정수의 비율로 이뤄져 있다는 것을 굳게 믿었다. 그러던 어느 날 엘리아의 제논이 논쟁을 걸어 왔다. 그가 공격하는 것은 다름 아닌 피타고라스의 정수론이었다.

"가령 말이지, 거북이와 아킬레스가 함께 달리기를 한다고 생각해 보자고. 만약 거북이가 몇 미터 앞에서 출발한다면 아킬레스는 결코 거북이를 못 이긴다네. 웃지 말고 더 들어 보게. 아킬레스가 거북이 있는 데까지 왔을 때, 그 시간만큼 거북이는 앞으로 더 나아갈 걸세. 아킬레스가 더 나아간다면, 거북이도 그 시간만큼 더 나아가겠지. 자네들의 말처럼 공간을 무한히 나눌 수 있다면 아킬레스는 아무리 애를 써도 거북이를 따라잡지 못할 걸세."

엘리아의 제논이 말을 마치고 좌중을 둘러본다. 피타고라스 학파 사람들은 어느새 당혹스러운 표정으로 변해 있다. 제논은 방금 피타고라스 학파의 다수성(多數性)과 연속성 개념에 대해 아주 골치 아픈 논쟁을 제기한 것이다. 피타고라스 학파에게 공간과 시간은 무수한 점이나 순간으로 이루어져 무한히 분할할 수 있는 것이었다. 그들이 사랑한 정수는 자연수(양의 정수)를 의미했다. 그것은 무한히 늘어날 수 있을 뿐 아니라 비례 관계, 곧 분수로서 무한히 분할할 수도 있었다. 게다가 그들은 무수한 점이나 순간들을 우리 직관에 따라 '연속적으로' 파악할 수 있다는 주장을 펼치기도 했다. 연속이란 '운동'의 전제가 되는 개념으로, 운동 중인 사물은 하나의 상태에서 또 다른 상태로 '변화'하는 중에 있다.

아킬레스와 거북이의 역설은 "시간과 공간이 무한히 분할될 수 있다"는 피타고라스 학파의 다수성 이론을 뒤집기 위해 나온 것이었다. 그리고 제논이 덧붙인 화살 이야기는 그들의 또 다른 이론인 '연속성(운동)'을 부정하기 위한 역설이었다.

"좀 더 얘기를 해 볼까? 자네들은 시간과 공간을 무한히 나눌 수 있다고 하면서도 궁극에 이르면 '더 이상 쪼갤 수 없는 점이나 순간이 있다'고 여긴다네. '단자(모나드)'라고 하는 것 말이야. 어쨌든 그 말을 따른다고 해도 문제는 있지. 내가 여기서 화살을 쏜다고 해 보세. 이 화살이 과녁에 닿으려면 여기서 저 과녁 사이에 놓인 공간을 거쳐야 하겠지? 그런데 여기서 모순이 생긴다네. 자네들의 말대로 더 이상 쪼갤 수 없는 순간이 있다면, 그 순간에 머문 화살은 더 이상 운동하는 것이 아니기 때문이야. 왜냐고? 운동이란 순간과 순간의 '연속'으로 이뤄지는 것인데, 더 이상 쪼갤 수 없는 순간이란 그런 연속된 순간들을 쪼개고 쪼개어 결국 마지막에 남은 '고립된' 하나인 셈이 아닌가. 그러니 거기서 무슨 운동이 이뤄질 수 있겠는가. 결국 자네들 말대로라면 화살은 과녁에 결코 도달할 수 없을 걸세. 무한히 놓여 있는 정지된 순간들을 거쳐 화살이 과녁으로 날아갈 수는 없지 않은가."

피타고라스 학파는 제논의 주장이 틀렸다는 것을 증명해 보이지 못했다. 당연한 일이었다. 제논의 주장에는 '무한'의 개념이 포함되어 있었고, 이것은

19세기에 들어와서야 그 실체를 드러낼 만큼 아주 복잡한 개념이었기 때문이다. 근대의 수학자들이 '무한히 간격을 좁혀 가다 보면 0으로 수렴된다'는 결론에 합의했을 때 아킬레스는 드디어 거북이를 따라잡을 수 있었다. 제논이 역설을 들려 준 때는 기원전 5세기였고, 그 이후 19세기가 되기까지 아킬레스는 무려 2300여 년을 거북이 등만 보며 달려야 했다.

『원론』의 방식으로 세상을 풀다

이 세상은 무엇으로 이뤄졌을까? 그리스 사람들에게 이 질문은 참으로 중요한 문제였다. 이에 대해 수많은 주장과 논쟁이 있었다. 논쟁은 논쟁을 낳고, 때로는 말뿐인 논쟁에 머물기도 했다. 그러던 그리스인들은 자기들만의 이야기 방식을 만들어 낸다. 바로 '증명'이다. 그것은 수학, 당시로는 도형이나 공간의 성질에 대해 연구하는 기하에서 왔다.

모든 기하는 점에서 출발한다. 그것은 '점이란 무엇인가'가 정의되지 않으면 출발할 수가 없다.

종이 위에 펜 끝을 눌렀다가 떼어 보자. 여기에 남은 흔적, 우리는 이걸 점이라고 부른다. 하지만 그림처럼 확대해 보면 그 의미가 모호해진다.

이건 점일까, 원일까?

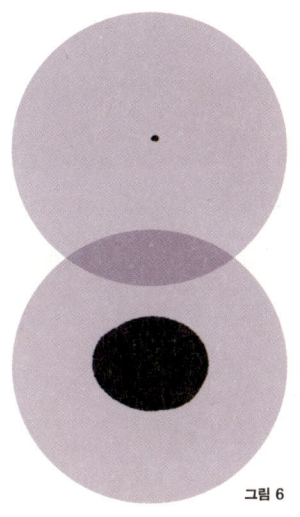

그림 6

수학에서 점은 실제로 존재하는 것이 아닌 추상적인 논리의 개념이다. 수많은 그리스 학자는 '점이란 무엇인가'라는 주제에 매달렸다.

그럼 잠시 위대한 그리스 학자들의 정의를 살펴보고 지나가자.

맨 처음 점을 정의한 사람은 피타고라스다. 그는 "점은 위치가 있는 단자다"라고 말했다. 피타고라스의 제자 플라톤은 점이 선의 시작이라고 여겨 "쪼갤 수 없는 선"으로 정의했다. 플라톤의 제자인 아리스토텔레스는 이런 스승의 주장을 반박했다.

"점이 쪼갤 수 없는 선이라면 그 끝이 있어야 합니다. 그렇다면 그 끝은 무엇입니까?"

훗날 유클리드는 선대의 철학자들이 주장하던 설을 정리해 다음과 같은 결론에 도달했다.

"점은 쪼갤 수 없는 것이다."

이것이 『원론』의 첫 문장이다. 『원론』은 '선' '면'…… 등 23가지 정의를 나열하면서 시작한다. 그리고 이들 정의 다음으로 '공리'가 나온다. 우리에

공리 1 모든 점에서 다른 모든 점으로 직선을 그을 수 있다

공리 2 유한한 직선이 있으면 그것을 얼마든지 길게 늘릴 수 있다

공리 3 임의의 점에서 반지름을 갖는 원을 그릴 수 있다

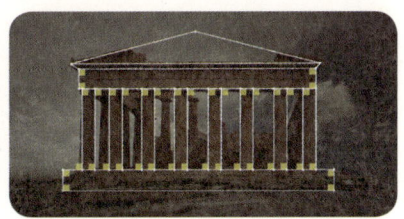
공리 4 모든 직각은 서로 같다

공리 5 평행선은 영원히 만나지 않는다

게 익숙한 공리는 '증명이 필요 없는 자명한 명제'를 가리킨다. 잠시 『원론』에 언급돼 있는 기하학의 공리들을 살펴보자.

　첫 번째 공리는 "모든 점에서 다른 모든 점으로 직선을 그을 수 있다"라는 것이다. 너무 당연한 소리인데 그리스인들은 이런 것까지 따졌다.

　두 번째 공리는 "유한한 직선이 있으면 그것을 얼마든지 길게 늘릴 수 있다"라고 정의했다. 세 번째는 그림처럼 "임의의 점에서는 반지름을 갖는 원을 그릴 수 있다"로, 네 번째 공리는 "모든 직각은 서로 같다"라고 정의했다. 그리고 다섯 번째는 우리가 익히 알고 있는 "평행선은 영원히 만나지 않는다"

라고 정의했다.

그리스에서 흔히 볼 수 있는 신전들은 『원론』의 방식으로 세상을 풀었던 사람들이 남긴 유산이다. 주춧돌을 시작으로 돌을 하나씩 쌓아올려 완성한 모습은 그리스인의 사고와 닮아 있다. 생각하는 데도 주춧돌이 필요하다. 증명할 수는 없지만 옳다고 여기는 것, '공리'가 바로 그런 역할을 한다.

『원론』은 초등 수학 입문용으로 만들어진 교재였다. 그러나 한편으로는 체계적인 이론서이자 이후 세대에게 학술서와 선언문들의 구성 방식을 제시한 본보기이기도 했다. 자명한 공리에서 출발해 부정할 수 없는 결론에 이르는 것, 그것이 『원론』의 방식이다.

그로부터 2000년이 지났지만 아직까지 『원론』은 우리 삶에 영향을 미치고 있다. 복잡해 보이지만, 이 사회도 우리가 서로 합의한 공리 위에서 출발한다. 뉴욕 항구에 세워진 자유의 여신상은 미국의 독립을 상징한다. 왼손에 들고 있는 독립선언문은 『원론』의 구성 방식과 같다. "모든 사람은 평등하게 태어났다"는 공리에서 출발해 "영국으로부터 독립해야 한다"는 결론을 이끌어 냈다. 뉴턴의 『프린키피아』, 스피노자의 『윤리학』 등 많은 책이 이러한 형식을 따르고 있다. 1000번 이상 재판을 거듭하며 성경 다음으로 가장 많이 읽힌 베스트셀러인 『원론』은 수많은 석학의 가슴을 설레게 만든 완벽한 텍스트였다.

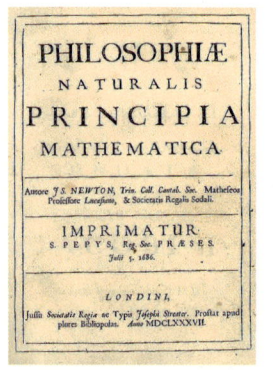

프톨레마이오스 1세의 『원론』 수업은 깊어만 간다. 『원론』 안에 담겨 있는 23가지 정의는 유클리드 혼자만의 것이 아니라 그리스 시대 전체가 내린 것이다. 유클리드는 이 정의를 이용해서 왕에게 '증명하는 법'을 가르

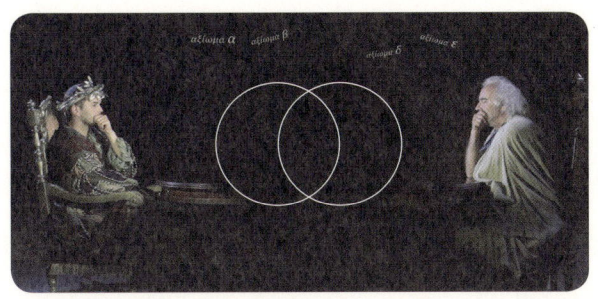

공리 3 임의의 점에서 반지름을 갖는 원을 그릴 수 있다

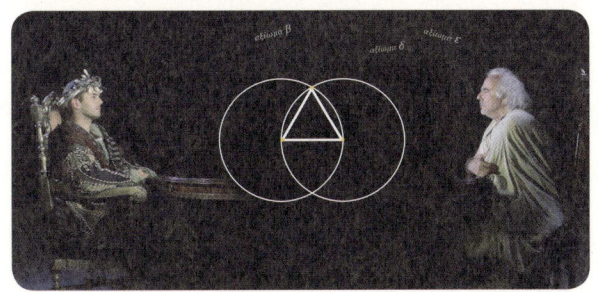

공리 1 모든 점에서 다른 모든 점으로 직선을 그을 수 있다

치고 있다.

"어떤 길이의 직선으로 정삼각형을 만들어라."

『원론』의 첫 번째 문제다. 왕은 질문을 받고 난 뒤 골똘히 생각해 봤지만 아무래도 신통치가 않다. '그냥 그려 넣으면 되지 않을까.' 급한 마음에 자를 가지고 정삼각형처럼 보이는 도형을 작도한다. 이를 지켜보던 유클리드가 고개를 저으며 "안 됩니다"라고 말한다. 그러고 나서 덧붙인다. "답은 모두가 합의한 것에서 출발해야 합니다." 그렇다. 결국 정의와 공리만을 이용해야 한다.

"1번 문제는 아주 쉽고 간단합니다. 5개의 공리가 있다는 것을 기억하시죠? 먼저 3번 공리로 원을 그립니다. 그리고 우리는 여기에 또 하나를 그릴 수 있죠. 그다음은 '모든 점에서 다른 모든 점으로 직선을 그을 수 있다'라는 1번 공리를 떠올려 보십시오. 자, 이제 이 점에서 이 점을 연결합니다. 끝났습니다. 세 변이 모두 한 원의 반지름입니다. 길이가 같으니까 정삼각형이죠."

피타고라스도 자신의 직각 삼각형을 『원론』의 방식으로 증명했다. 오늘날에도 모든 수학자는 증명 방식을 사용한다. 피타고라스로부터 시작해 유클리드로 완성된 『원론』은 영원히 수학의 언어가 되었다.

스승의 도움을 받아 문제를 풀었지만, 프톨레마이오스 1세의 마음은 편치가 않다. 수업을 마치고 왕은 유클리드에게 묻는다. "좀 더 쉬운 방법은 없소?" 이 말에 스승은 부드럽게 웃으며 답한다. "왕이시여, 기하학에는 왕도(王道)가 없나이다." 당신도 혹시 왕도를 바라고 있지는 않은가?

세계에서 여섯 번째로 관광객이 많은 도시가 아테네다. 아크로폴리스 꼭대기에는 파르테논 신전이 있다. 로마와 비잔티움, 오스만 제국의 유적도 어렵지 않게 만날 수 있다.

그리스에서 우리는 고대 이성의 세계를 세운 위대한 학자들을 만날 수 있었다. 그리고 그들이 사랑한 엄밀한 논증의 세계에 잠시 머물렀다. 그리스 시대의 증명, 그것은 논리의 계단을 하나씩 하나씩 밟아 올라가는 과정이다. 비약은 허용되지 않는다. 완벽한 논리의 완성은 각 단계마다 엄정함을 요구한다. 하나를 건너뛸 수도 없고 지름길을 찾을 수도 없다. 이런 시대정신이 고대 그리스라는 문명을 만들었다.

유클리드는 증명을 마친 후 언제나 Q. E. D.$_{\text{Quod Erat Demonstrandum}}$라는 라틴어 낱말을 썼다고 한다. 쿼드 에라트 데몬스트란둠. 흔히 이 문장은 "이로써 증명되었다"라고 알려져 있지만, 직역하면 다음과 같다.

"이것이 보여져야 할 것이었다."

어려운 얘기다. 그러나 그만큼 중요한 얘기다. 지금도 여전히 전 세계 많은 나라 사람이 그리스를 찾는다. 그러나 그들이 찾는 건 지금이 아니라 2500년 전의 고대 국가 그리스다. 더 정확히 말하면, 그들이 진리를 추구하며 보여 준 엄정한 그리스의 정신을 찾고자 한 것이다. 보여져야 할 것은, 바로 이것이다.

제3부

신의 숫자

신을 사랑하고 영원을 믿었던 나라.
그들이 만든 숫자 하나가
인류의 역사를 바꿨다.
존재와 부재를 넘나드는 기묘한 숫자,
모든 시작을 무한으로 돌려 놓은
0의 이야기가 시작된다.

모든 인도의 길은 신성으로 통한다

이번 이야기는 동양의 한 나라에서 시작된다. 이곳에서 수학사의 가장 큰 혁명이 일어난다. 없는데 있는 것, 잘 생각해 보면 없는 게 훨씬 자연스럽기도 한 것. 그렇다! 여기는 건물에 0층이 존재하는 나라, '0의 고향' 인도다.

인도 최대 명절 중 하나인 홀리(Holi) 축제 기간에는 온 동네가 떠들썩하다. 축제 당일은 인도 전역이 굉장히 들떠 있다. 사람들은 주민이건 관광객이건 가리지 않고 누구에게나 염료를 묻혀 댄다. 그럼에도 아무도 화를 내지 않는다. 인도 3대 신 중 하나인 '크리슈나'의 푸른 얼굴처럼, 이 날은 얼굴에 물을 들이느라 곳곳에서 색(色)이 진동한다. 그리고 이에 맞춰 리드미컬한 전통 악기 소리가 행인의 맥박 수를 높인다.

반케 비하리 사원은 크리슈나 신이 태어난 곳이다. 사제는 신에게 바쳤던 음식을 나눠 주고, 사람들은 그것을 먹으며 크리슈나와 하나 되는 기분을 느낀다. 인도에서 신은 삶의 한가운데 있다. 인간과 신이 함께 살아가는 것이다. 이 같은 모습이 외부인들에겐 낯설고 생경하다. 어떻게 이 과학의 시대에 이런 믿음이 존재할 수 있는지 한편으론 신기하기도 하다. 그러나 12억 인도인들에게 이것은 먹고 마시는 일처럼 너무도 당연한 일이다.

불을 피우고 크리슈나 신을 찬양하는 동안 축제는 밤이 되면서 절정을 이룬다. 홀리 축제는 인도의 겨울 중 마지막 보름달이 뜰 때 열린다. 이 축제로 인도의 봄이 시작된다. 보름달이 뜨는 것을 기다렸다가 사람들은 불을 피운다. 크리슈나를 죽이려 했던 악의 상징인 '홀리카'의 인형을 태우며 사람들은 예고 없이 찾아드는 악운이 사라지기를 소망한다. 인도의 아이들은 어렸을 때부터 가까이서 신을 보고 자란다. 선한 신을 섬기고 악한 신을 벌하는 일, 그것은 인도인의 삶 그 자체다.

1년 365일, 인도 어디에선가는 축제가 열린다. 그 축제일을 정하는 것이 인도 수학의 시작이었다. 신의 뜻은 하늘에 있고, 인간은 그 하늘의 뜻을 읽어야 한다. 신과의 소통, 인도인의 속성인 무한과 영원을 향한 열망. 가장 이성적인 학문마저 신성의 영역과 혼재돼 있다는 사실이 낯설지가 않다. 적어도 이곳 인도에서는.

인도인의 특이한 계산법

그리스를 제외한 고대 문명의 경우가 그러했듯 인도에서도 수학은 독립된 학문이 아니었다. 하지만 천계의 비밀을 알려 줄 천문학적 지식이 발전하면서 인도의 수학도 엄청난 진전을 보여 준다. 그것은 비단 천문학에 필요한 큰 자릿수 계산만이 아니었다. 우리가 일상생활에서 작은 계산을 할 수 있게 된 것은 사실상 인도 덕분이다. 고대로부터 동양인들은 기하보다는 수의 계산에 더욱 능숙했다. 특히 인도 경전에는 여러 가지 특별한 계산법이 전해져 내려오는데, 예를 들면 이런 방법이다.

94 곱하기 97, 인도인들은 이 문제를 다음과 같이 풀었다. 먼저 100에서 94를 뺀다(6이 된다). 그리고 100에서 97을 뺀다(3이 된다). 이렇게 나온 6과 3을 더한 값 9를 다시 100에서 뺀다. 91이다.

$$\begin{array}{c} {}^{100-}_{94} \times {}^{100-}_{97} \\ \downarrow \quad \downarrow \\ 6+3=9 \\ 100-9=91 \end{array} \Rightarrow \begin{array}{c} {}^{100-}_{94} \times {}^{100-}_{97} \\ \downarrow \quad \downarrow \\ 6 \times 3 = 18 \end{array} \Rightarrow \begin{array}{c} {}^{100-}_{94} \times {}^{100-}_{97} = 9118 \\ 6+3 \rightarrow 100-9=91 \\ 6 \times 3 = 18 \end{array}$$

그리고 이번에는 이 6과 3을 곱한다. 18이다. 답이 나왔다. 94 곱하기 97의 값은 91과 18을 나란히 써 놓은 9118이다.

처음에는 조금 아리송해 보여도 익숙해지면 금방 계산할 수 있다. 인도 경전에는 이런 특별한 셈법이 여러 곳에 수록되어 있는데, 실제로 인도 수학자들은 과거에 엄청난 산술 실력을 가졌다. 나아가 인도 수학의 놀라운 힘은 이런 계산법들이 해와 달 그리고 별의 움직임을 관측할 때 발휘되었

다는 점이다. 이처럼 인도인들은 발달한 산술 삼각법, 대수학, 기수법 등을 아우르며 수학의 지평을 확대해 나갔다. 인도의 천문학과 수학이 거둔 결실은 앞선 문명에 버금가는 것이었다.

하지의 태양은 인도 중부에 위치한 도시 우자인의 하늘 한가운데를 지나간다. 우자인의 위도는 북위 23도, 북회귀선이다. 오늘날 그리니치 천문대처럼 인도인들에게 우자인은 세계의 중심이었다. 인도인들은 1년의 길이도 실제와 겨우 몇 초 차이 나지 않게 측정했다. 그들은 천체를 관측하는 중요한 수학적 방법을 하나 더 알고 있었다. 인도인들의 중요한 업적 가운데 하나, 삼각법이다.

현대 삼각법의 원류를 찾아서

삼각법은 직접 잴 수 없는 길이를 잴 때 아주 편리하다. 여기에 당신의 키보다 몇 배나 큰 나무가 있다고 가정해 보자. 그 나무의 높이를 어떻게 잴 것인가? 대추야자를 따던 능숙한 솜씨라면 성큼성큼 나무 위로 올라가

그림 1

줄자를 내릴 수도 있겠지만, 아쉽게도 당신에겐 그런 재주가 없다. 그렇다면 나무가 수직으로 서 있다고 가정했을 때 당신은 그림처럼 나무 꼭대기까지 45°가 되는 지점을 찾으면 된다. 그 지점을 찾았는가?

당신이 서 있는 곳의 각이 45°이므로 반대편 각도도 45°다. 45°는 하나의 물체와 그 물체의 그림자가 1:1의 길이를 이루는 태양의 위치각이다. 따라서 저 나무의 높이는 당신이 45°가 되는 위치를 찾아 걸어온 거리와 같다. 만약 당신이 15m쯤 걸어갔다면, 저 나무 높이도 15m쯤 될 것이다. 여기서 계속 걸어간다면 각도는 점점 변한다. 그리고 그에 따라 변의 길이도 일정하게 변한다. 당신이 서 있는 쪽의 각은 점점 줄어들고 그만큼 빗변의 길이는 점점 길어진다.

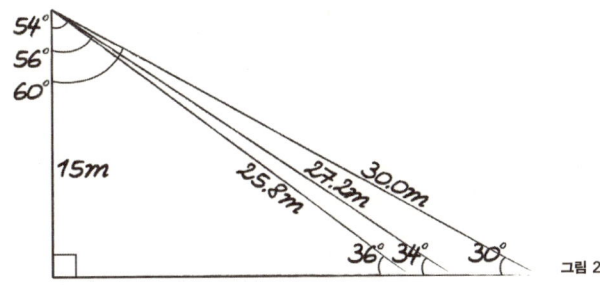

그림 2

제3부 신의 숫자 | 79

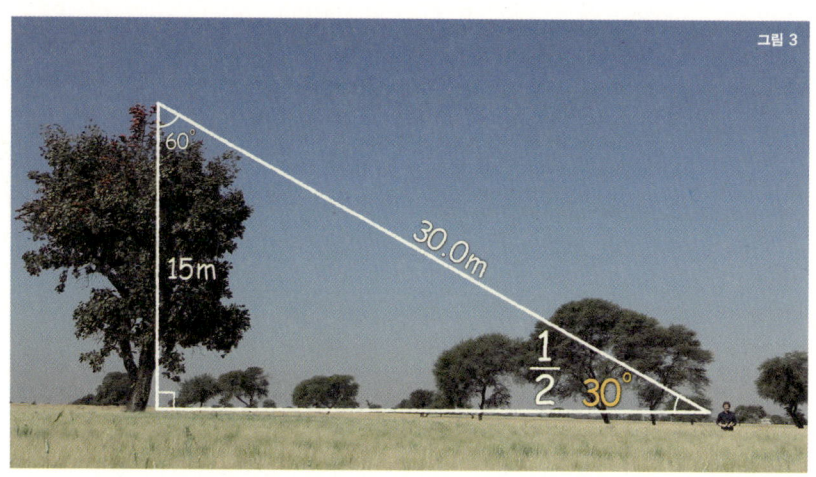

그림 3

위의 그림처럼 당신 쪽의 각이 30°일 때 빗변의 길이가 30m라면, 이 때 빗변과 높이의 비율은 30°의 '사인sin 값'이라고 부른다. sin30°의 값은 2분의 1이다.

삼각법의 기본 개념은 고대 그리스 수학자 프톨레마이오스에게서 시작됐다. 그러나 그리스는 특정한 각 몇 개만 알고 있었을 뿐이다. 반면 인도인들은 훨씬 더 많이 알고 있었다. 그들은 0°부터 90°까지 거의 모든 각의 사인 값과 코사인cos 값을 표로 만들었다. 그 값은 현대 삼각함수표와 거의 일치한다. 현대적 의미의 삼각법은 인도에서 만들어졌다.

에베레스트의 정상에 오르기 100년 전, 산의 높이를 8,848m라고 잰 것도 삼각법을 이용해서였다. 인도인들은 삼각법을 이용해 더 먼 것도 쟀다. 바로 태양까지의 거리다.

그 기본 원리는 나무나 산정의 높이를 잴 때와 같다. 다음 그림을 보자. 반달이 뜰 때 지구와 달과 태양은 직각을 이룬다. 이 때 지구와 태양의 각도는 $89\frac{6}{7}°$다.

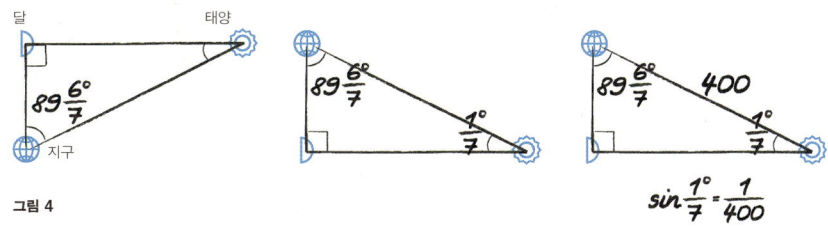

그림 4

이 그림의 방향을 뒤집어 보자. 방금 전 나무 잴 때와 똑같다. 태양에서 보는 각은 $\frac{1}{7}°$이다. 인도인들은 사인 값을 가지고 있으니 대입만 하면 된다. $\sin\frac{1}{7} = \frac{1}{400}$이다. 즉 세 번째 그림에서 보듯 태양은 달보다 지구에서 400배 더 떨어져 있다.

무한에 대한 집요한 열망

인도 바라나시는 여행자에게 아주 매력적인 곳이다. 12억의 사람, 3억이 넘는 신들, 인도의 축소판이라 부를 수 있는 곳이 바로 바라나시다. 인도를 여행하는 사람들에게 이곳은 필수 코스다. 이런 바라나시를 찾는 사람들이 꼭 들르는 곳이 바로 드루가 사원이다. 이곳에는 아주 재미있는 문제 하나가 전해져 내려온다. 그것은 세상의 종말에 관한 문제다.

옛날에 이 사원에는 기둥이 세 개 있었다. 한쪽 기둥에는 큰 것부터 작은 것 순으로 원반 64개가 쌓여 있었다고 한다. 신은 사제들에게 이것을 오른쪽 기둥으로 모두 옮기는 날 세상의 종말이 올 것이며, 만일 이 일을 게을리 할 경우 더 일찍 멸망할 것이라고 했다. 여기에는 조건이 하나 있었다. 원반을 옮길 때는 하단에 있던 큰 것이 작은 것 위로 올라오면 안 된다는 것이었다. 자, 원반을 옮겨 보자. 과연 몇 번에 64개를 모두 옮길 수 있을까? 먼저 원반 하나부터 시작해 볼까.

하나를 옮기는 데는 한 번이면 된다. 그렇다면 두 개면 어떨까? 기둥 세 개를 사용하되 큰 원반이 위로 가면 안 된다고 했다. 먼저 작은 원반을 다른 기둥으로 옮기고, 그 다음 큰 원반을 나머지 기둥에다 옮긴 뒤 다시 작은 원반을 큰 원반 위로 옮긴다. 원반 두 개는 세 번만에 옮겨졌다. 이번에는 원반이 세 개다. 원반이 세 개일 때는 몇 번만에 옮길 수 있을까.

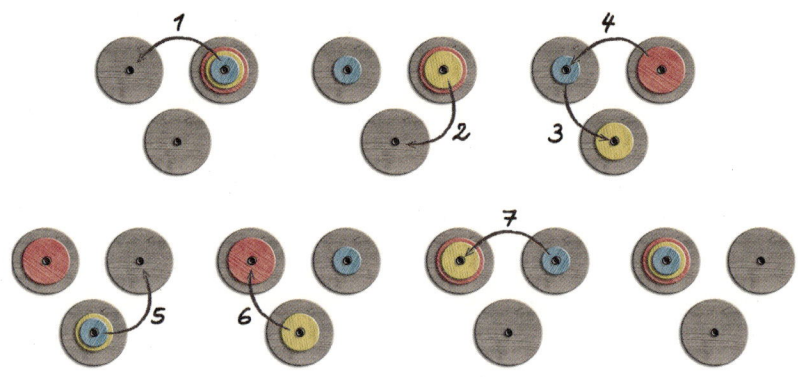

세 개는 일곱 번 만에 옮길 수 있다.

원반이 하나일 때는 한 번, 둘일 때는 세 번, 셋일 때는 일곱 번. 이런 식으로 64개의 원반을 모두 옮겨 봐야 할까? 아니다. 수학은 규칙을 찾는 일이다. 그렇다면 1, 3, 7…… 이 속에는 어떤 규칙이 숨어 있을까?

바로 원반 개수만큼 2를 곱한 후 1을 뺐다는 것이다. 원반이 4개라면 (2 × 2 × 2 × 2) - 1이므로 15번이다.

마찬가지로 원반 64개는 2를 64번 곱하

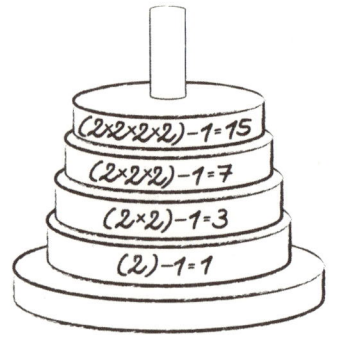

고 나서 1을 빼면 된다. 그러면 얼마일까? $2^{64} - 1$ = 18446744073709551615번이다. 1,844경 6,744조 737억 955만 1,615번. 1초에 한 번씩 움직인다고 하더라도 5849억 년이 걸린다. 지구의 나이가 46억 년, 우주 나이가 137억 년이라는 걸 감안할 때 굉장히 거대한 수라는 걸 알 수 있다. 이쯤 되면 아직 이 세상의 멸망을 걱정하지 않아도 될 듯하다.

인도인들은 '큰 수'에 대한 그칠 줄 모르는 갈망이 있었다. 무한히 큰 수, 그 끝을 본 사람은 아직 없다. 이것은 영원에 대한 동경이다. 생은 죽음과 함께 끝나는 게 아니라 무한히 반복된다. 이것이 인도인들의 믿음이다. 무한히 반복되는 생 가운데 지금 이 생은 찰나일 뿐이다. 그래서 그들은 겉모습에는 관심이 없다. 이 민족의 저력은 보이는 데서 찾을 수 있는 것이 아니다. 살면서 한 번은 갠지스 강물에 몸을 씻어야 한다고 생각하는 이 사람들은 영혼을 돌보는 일에 그들의 생을 건다. 영원을 대변하는 큰 수에 대한 갈망, 이것은 인도에서 뜻밖의 '위대한 수'가 출현하게 된 이유이기도 하다.

기수법의 변천사

인도인들이 만든 수가 얼마나 위대한지를 알려면 다른 문명에서 사용되던 숫자를 살펴봐야 한다. 이집트 룩소르에 있는 카르나크 신전을 보면 우리는 인류 역사상 가장 오래된 숫자 중 하나가 인도에서 비롯되었다는 것을 알 수 있다. 그들은 아름다운 상형 문자로 숫자를 표현했다. 새로운 사물이 생기면 문자를 만들어 붙이듯, 숫자도 그렇게 했다.

1은 작대기 하나다. 2는 두 개, 9까지는 작대기로 표현하는데 10, 100,

1000 등은 또 다른 문자로 표기했다. 분수도 만들어 썼다. 이런 방식의 숫자 표기는 이후에 등장한 그리스와 로마 문명 역시 예외가 아니었다.

기원전 5세기 말엽에 만들어진 그리스의 아티카 비문에 나타난 수 체계다. 이들 숫자로 천이백삼십사를 표기해도 이집트 방식과 같다. 'XHHΔΔIIII'. 그리스인들은 이러한 수들을 가지고 90000단위까지 표기하는 것으로 만족했다. 기원전 3세기에 이르러 아르키메데스가 보다 큰 수를 고안해 내기도 했지만, 원래 계산술을 천시하던 그리스인들은 큰 수에 대해 그리 연연해하지 않았다. 점, 선, 면, 입체를 가지고 사고하는 '기하학'에서는 일정 범위의 수만 있어도 충분했기 때문이다.

아티카 비문의 시대 이후 그리스인들은 페니키아에서 받아들인 27개의 알파벳을 3등분해 각각의 문자에 수를 부여했다. A(알파)~θ(세타)는 1~9, I(이오타)~Q(코파)는 10~90, P(로)~M(산)은 100~900에 해당하는데, A~θ의 단위 왼쪽 상단에 부호를 찍으면 자동적으로 1000단위로 뛰어올랐다. 그보다 몇 천 년 후에 생긴 로마 문명도 별반 다를 게 없었다. 아니, 그리스에 비해 오히려 더 복잡해졌다. MDCCCXXVIII, 이게 숫자다. 1828을 이렇게 쓴 것이다. 로마 문명은 5단위로 숫자를 만들었다.

로마인들은 이렇게 필요한 숫자가 생기면 그 때마다 만들어 썼다. 그러나 알다시피 언제까지 수를 계속 만들어 낼 수는 없다. 고대 중국인들이 독자적으로 창안한 한자(漢字) 기수법은 이보다 훨씬 효율적이다. 한자 문화권에 속한 우리는 200을 백백(百百)이 아닌 이백(二百)으로 쓴다. 2 × 100인 것이다. 가령 144,000이라는 수를 쓴다고 하면, (14 × 萬) + (4 × 千)을 쓰면 된다. 꽤나 효율적인 기수법이다. 하지만 이것 역시 불완전한 체계였다. 수가 늘어날수록 십, 백, 천, 만과 같은 단위 수가 더 필요해지기 때문이다. 반면 중국보다 1000년 앞서 기수법을 만든 바빌로니아인과 마야 문명의 사례에서 새로운 잠재성을 발견할 수 있다.

바빌로니아 기수 체계에서는 엄밀히 말해 단 두 개의 쐐기 문자만 사용됐다. 바로 1~9의 단위를 나타내는 수직 '못(𒁹)'과 10의 수에 해당하는 'V자(𒌋)' 문양이다. 메소포타미아인들은 이 두 개의 문자를 가지고 1~59까지 단위가 늘어날 때마다 하나씩 덧대는 방식으로 기수법을 만들었다. 다른 고대 문명의 숫자 표기 방식처럼 간단하고 초보적인 형태였다.

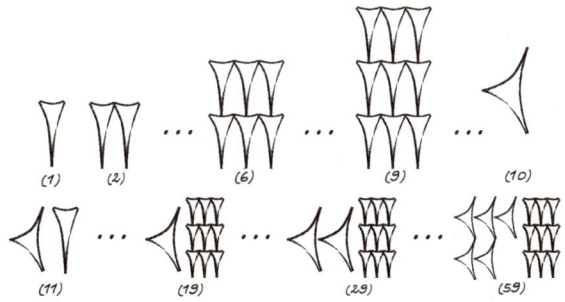

바빌로니아들이 만든 59개 숫자는 사실상 모든 수의 표현이 가능했다. 수가 59개였던 이유는 60진법을 썼기 때문이다. 그들은 61을 주로 𒌋𒁹이 아닌 𒁹𒁹(1 ; 1)이라고 썼다. 1 ; 1은 (1 × 60) + 1 = 61이기 때문이다. 그들은 𒁹과 사이를 벌려 놓는 것으로 자릿수 표시를 했다. 그런데 여기서 약간의 문제가 발생한다. 자칫 방심하면 이런 식으로 붙여 놓을 수도 있지 않은가!

띄어쓰기만으로 61이 한순간에 2로 바뀌게 된다. 바빌로니아로부터 2000여 년이 흐른 뒤 마야인은 조금 개선된 기수법을 보여 주었다. 그들의 수 체계는 20진법이었다.

점과 바(Bar) 하나면 1~19 사이의 모든 수를 표기할 수 있었다. 바빌로니아, 중국, 마야 지역에서 독자적으로 위치 기수법을 만들었다는 것은 참으로 신기한 일이다. 더욱이 바빌로니아나 마야인들이 '비어 있는 공간'을 대체하는 자릿수 개념으로서 특정한 기호들을 만들어 썼다는 것은 주목할 만한 점이다. 오랜 고민 끝에 바빌로니아인들은 비스듬한 를 생각해 냈다. 같은 역할을 하는 것으로서 마야인들이 만든 기호는 어딘가 조개 껍데기나 사람의 눈동자를 닮은 듯하다.

이제 두 문명은 독자적인 자릿수 표현 방식을 가질 수 있게 됐다.

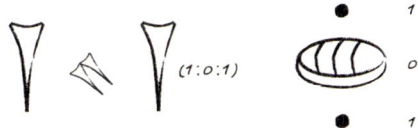

그러나 이들은 어디까지나 비어 있는 단위를 구분하는 단순 기호였을 뿐 '수' 자체로서 독립된 의미를 지니지는 못했다. 비스듬한 쐐기나 조개 껍질이 수학사에서 더 큰 영향력을 가지려면 여기에 '없음'이라는 의미까지 아울렀어야 했다. 그런 원대한 수가 형상을 입고 나타나기까지 인류에게는 더 많은 시간이 필요했다. 지금부터 인류의 역사를 바꾼 그 위대한 수를 찾아가 보자.

0의 등장, 200302에서 232로

인도 차투르부즈 사원은 약 1200년 전에 지어졌다. 1000년의 역사를 자랑하는 괄리오르 성의 수백 개 사원 중에서 유독 여기만 자물쇠가 채워져 있다. 크리슈나 신을 모시는 사원이다. 여기 벽에 있는 비문에는 사원을 지

을 때 사람들이 바친 현물 목록이 적혀 있다. 현물의 양을 표시한 숫자들 가운데 가장 늦게 태어났지만 가장 중요한 수가 있다. 바로 0이다. 이 벽에 새겨진 0이 우리 인류에게 남아 있는 최초의 0이다.

잠시 기억을 더듬어 보자. 우리는 예닐곱 살 때 숫자를 배운다. 수학의 역사와 인간의 발달사는 많이 닮아 있다. 숫자를 인식하기 시작한 요즘 아이들도 비슷한 과정을 거친다. 232를 써 보라고 하면, 아마 많은 아이가 이런 식으로 쓸 것이다.

200302

지금은 잊어버렸을 테지만 우리도 그랬다. 지금 수를 대하는 저 아이의 두뇌는 고대 문명인들의 그것과 별다른 차이가 없다. 232를 쓰는 데는 굉장한 훈련이 필요하다. 앞의 2와 뒤의 2가 똑같이 생겼는데 다른 의미를 지녔다니 이해하기가 어렵다. 사실 이걸 처음 받아들이는 사람들도 아주 어려워했다. 현대의 위치기수법을 끌어올리기 위해 마중물을 부은 사람은 인도인들이었다. 그들은 1에서 9까지의 단위 수만으로 모든 수를 표현하는 수 체계를 개발하기에 이르렀다. 오늘날 우리가 '아라비아 숫자'라고 부르는 숫자는 사실 인도에서 비롯되었다. 현대적인 자릿수의 개념도 물론 그들의 발명품이었다.

우선 인도는 1부터 9까지 모두 다른 수를 썼다. 인도 숫자의 놀라운 점은 그다음 숫자를 쓸 때 나타난다. 새로 숫자를 만들지 않고 앞에서 썼던 숫자를 가져와서 수 하나를 덧붙이는 것으로 끝난다. 그 수는 바로 이것이다.

0

10. 여기서 1은 앞에서 썼던 숫자와 모양은 같지만 가치는 다르다. 1 다음에 위치한 0 때문이다. 이제 뒤에 0을 넣으면 숫자는 무한대로 뻗어 나간다. 이는 '수의 혁명'을 가져왔다. 인도 숫자는 아라비아를 거쳐 유럽으로 간다. 이런 이유로 아라비아 숫자라는 명칭이 붙었다. 인도 사람들은 가장 큰 저작권을 뺏긴 셈이다.

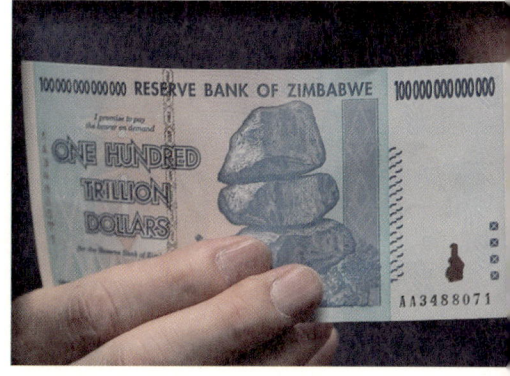

아프리카 짐바브웨에서 사용되고 있는 지폐에는 무려 0이 14개나 된다. 100조 달러다. 0이 없었으면 100조를 어떻게 표현했을까. 이제 우리는 0이 없는 세상을 상상할 수 없다.

"모래알같이 많다." 이제 우리는 이 말을 수로 표현할 수 있다. 모래 알갱이, 혈액 속의 적혈구, 하늘의 별들⋯⋯. 이 숫자를 가지고 나서야 우리는 더 거대한 것에 다가갈 수 있게 되었다. 가장 작은 0을 만들고서 큰 수를 표현할 수 있게 된 건 참으로 아이러니한 일이다. 0은 없음이다. 아무것도 없는데 0으로 표현한다. 영어의 "I Have Nothing"과 닮아 있다. '아무것도 없는 것'을 소유했다는 것, 이러한 관점은 수학에서 대단히 큰 변화를 일으키게 된다. 즉 공허를 없는 게 아니라 있는 것으로 본 민족이기에 만들 수 있는 수, 그것이 바로 0이다.

0과 음수 개념의 전파자, 브라마굽타

델리에서 차를 타고 남쪽으로 11시간을 달리면 인도의 작은 도시 우자인에 도착한다. 하지만 서기 7세기에 브라마굽타(598~662)가 천문관장으로 부임할 당시 이곳은 지금의 모습하고는 많이 달랐다. 당대의 우자인은 인도 천문학의 중심지였다. 그리고 천문학의 중심지였다는 말은 곧 수학의 중심지였다는 말과도 같다.

서기 620년경 인도 북서쪽 라자흐스탄 빈말 출신인 브라마굽타가 먼 길을 돌아 우자인에 도착한다. 그는 가장 존경받는 학자였다. 이는 당대 학문의 중심인 천문학 분야의 책임자로 부임한 사실만으로도 알 수 있다. 당시 인도의 천문학은 서양을 훨씬 앞서 있었다. 그들은 이미 지구가 둥글다는 것을 알았으며, 지구 둘레를 실제와 거의 비슷하게 계산할 줄도 알았다. 오차는 100km에 불과했다. 그런 과학 연구의 최전선에 도착한 브라마굽타는 천문대의 책임자로 근무했지만 사실 수학을 매우 사랑하는 사람이었다. 당시 수학은 천문학의 보조 수단에 불과했다. 그럼에도 브라마굽타는 우자인에서 수학 그 자체만을 위한 고민을 시작하게 된다.

어느덧 수의 재미에 푹 빠져 버린 브라마굽타. 그는 더하고 빼고 나누는 모든 경우의 수를 모았다. 물론 그것이 일상생활에 꼭 필요한 것은 아니었다. 브라마굽타 이전의 인도 수학은 천문학이나 건축과 같은 아주 실용적인 것에만 쓰였다. 그러나 브라마굽타는 달랐다. 그는 수학만을 독립적으로 떼어내서 연구하며 수학사상 가장 위대한 발견을 하게 된다. 628년 그는 천문관장으로 일하면서 한 권의 책을 완성한다. 『브라마스푸타시단타』, 천문학에 관련된 책이다. 총 21장으로 이루어진 이 책의 두 장에는 수학을 다루고 있는데, 여기에는 음수와 양수, 0으로 할 수 있는 모든 사칙연산과 거듭제곱, 제곱근 구하기가 담겨 있다. 이것은 대수학의 도약이었다.

브라마굽타의 수 세계에서 양수는 '재산', 음수는 '빚'이다. 먼저 재산에 재산을 더할 경우 재산은 그 합만큼 늘어난다. 마찬가지로 빚에 빚을 더하면 빚이 더 생긴다. 그렇다면 재산과 빚을 합치면 어떨까? 재산이 더 많으면 그만큼 차이가 생긴다. 재산과 빚의 양이 같으면 어떻게 될까? 아무것도 없다. 브라마굽타 이전의 모든 수학자는 여기서 끝을 냈다. 그런데 그는 최초로 0을 계산에 넣었다. 이때부터 0이 수학 안으로 들어오게 된 것이다. 물론 2012처럼 숫자 가운데 쓰이는 0은 브라마굽타 이전에도 존재했다. 그러나 숫자 0이 독립적으로 쓰이게 된 것은 계산 속에 포함되면서부터다.

브라마굽타는 계산 속에 숨어 있는 0이라는 숫자의 의미를 간파해 냈다. 그것을 잘 드러내 주는 것이 방정식이다. 간단한 사례 하나를 가지고 살펴보도록 하겠다.

농부가 소와 닭을 키우고 있다. 소와 닭을 합치면 19마리이고, 다리 수를 합치면 62개다. 이 때 소와 닭은 각각 몇 마리일까? 물론 숫자를 하나씩 하나씩 대입하면 언젠가는 그 답을 찾을 수 있다. 하지만 0을 발견한 이후 그 답을 찾는 방법이 훨씬 더 간단하고 분명해졌다.

소와 닭을 합치면 19마리다. 소 다리는 4개이고 닭 다리는 2개인데, 이 둘을 합치면 모두 62개여야 한다. 이때 소와 닭을 x와 y로 바꿔 보자.

$x + y = 19$ ·········· ①
$4x + 2y = 62$ ·········· ②

①에서 양변에 똑같은 y를 빼 준다.

$x + y - y = 19 - y$
$x + 0 = 19 - y$

0이 보인다. 여기서 0이 없었다면 더 이상 계산을 진행할 수가 없다. 이제 x값을 나머지 식에 대입하기만 하면 된다.

$4 \times (19 - y) + 2y = 62$
$76 - 4y + 2y = 62$
$76 - 62 = 2y,\ 2y = 14$

따라서 y는 7이다. 이를 대입하면 x는 12가 된다.
즉 소(x)는 12마리이고 닭(y)은 7마리가 된다.
우리에게는 매우 쉬운 일차 방정식이지만 이 수식을 만들기까지는 오랜 시간이 걸렸다. 이 식에서 $y - y = 0$이란 개념이 없었다면 이 연산을 더는 진행할 수 없었을 것이다. 우리가 너무나 당연하게 여기는 규칙이라고 해도 그 당시 사람들은 0이 들어간 수식을 이해하지 못했다. 더하거나 빼 봤자 변화가 없는 0을 굳이 계산할 필요가 없다고 여겼기 때문이다. 어쩌면 그들에게는 이런 느낌이 아니었을까 싶다.

'그냥…… 사라졌다!'

브라마굽타가 왜 0을 계산에 넣었는지 이해하기가 쉽지 않다. 그러나 그는 일상생활에 직접 쓰이는 것보다 사물의 뒤에 숨어 있는 원리를 찾고자 했다. 그는 수학의 본질을 잘 알고 있었다. 영원한 세계에 대한 동경, 없음 또는 공허의 존재를 처절하게 깨달은 철학자들만이 그 세계에 가 닿을 수 있었다. 그 깨달음을 인간의 언어로 표현한 것, 그것이 바로 수학이었다.

2010년 여름, 전 세계 수학자들이 인도에 모였다. 4년마다 열리는 '세계수학자대회International Congress of Mathematicians'. 세계의 이목은 이 행사 기간에 발표되는 필즈상 수상자에게 집중되었다. 40세 미만의 젊은 수학자들에게 주는 수학계의 노벨상이다. 수상자의 면면은 현대 수학이 어디로 움직이는지 짐작해 볼 수 있는 단서가 되기도 한다. 이 대회는 한 나라의 대통령 혹은 수상이 수학자들을 맞이하는 게 전통이다. 행사의 위상을 알려 주는 대목이다.

첫 번째 필즈상 수상자는 이스라엘의 엘론 린덴 스트라우스였으며, 엘고딕 이론을 정수론에 응용한 업적으로 수상을 했다. 그의 논문에도 방정식이 쓰였음은 물론이다. 0을 발견한 인도에서의 수상은 더욱 각별해 보였다. 베트남, 러시아, 프랑스도 수상자를 한 명씩 배출했다.

필즈상 수상자를 가장 많이 배출한 나라는 역시 미국이다. 수학은 곧 국력이라는 말을 곰곰이 되뇌어 보게 된다. 2014년 세계수학자대회가 서울에서 열린다. 수학사에 새로운 혁명이 우리에게서도 일어나길 기대해 본다.

제4부

문명의 용광로

한 쪽이 어둠에 묻힐 때
다른 한 쪽에선 광휘가 샘솟았다.
정신이 다른 대륙으로 옮겨졌다.
고대 문명의 총화가 이뤄지던 곳,
아랍이다.

모든 학문이 아랍으로 통하던 때

압바스 왕조의 칼리프 알마문. 그가 잠에서 깨어나 주위를 두리번거린다. 조금 전의 일이 꿈이었는지 분간조차 하지 못하는 표정이다. 너무나 생생한 기억에 압도당한 듯 제국의 통치자는 말을 잃었다.

꿈속에서 알마문은 소파에 앉아 있었다. 그 때 그가 있는 쪽으로 튜닉을 걸친 대머리 노인이 다가왔다. 노인은 눈썹이 붙어 보일 만큼 짙었고, 푸른 눈에 혈색 좋은 얼굴을 하고 있었다.

"당신은 누구십니까?"

칼리프의 물음에 노인이 답했다.

"나는 아리스토텔레스일세."

학문을 사랑한 지배자 알마문은 이 고대의 현자가 자신 앞에 있다는 사

실에 반색했다. 칼리프는 그동안 마음에 품고 있던 질문들을 아리스토텔레스에게 풀어 놓았다. "선(善)이란 무엇입니까?" "자네의 지성이 선하다고 하는 것이면 무엇이든 선이라네." "다음은 무엇입니까?" "종교의 법에서 선하다고 하는 모든 것일세." "그럼 그다음은 무엇입니까?" "사람들이 좋다고 여기는 것들이지." 헤어지기 전 꿈속의 현자는 알마문에게 이런 이야기를 덧붙였다. "혹시 누군가 연금술에 대해 충고하는 이가 있다면 그를 천금처럼 대접하게."

아리스토텔레스의 음성이 여전히 칼리프의 귓가에 맴돌고 있었다. 그러다가 뭔가를 결심한 걸까? 드디어 그가 굳게 다문 입술을 열었다. 그의 음성은 낮지만 어떤 결의가 담겨 있었다. "이제부터 고대 현자들의 책을 수집해야겠다. 그것을 우리 아랍어로 번역하여 모든 사람이 읽도록 하리라. 프톨레마이오스의 천문학 책부터 번역하게 할까? 그래, 유클리드의 『원론』도 빼놓을 수 없지."

기원전 4세기 알렉산더의 동방 원정 당시 페르시아 제국은 멸망했다. 그 후에는 그리스를 잇는 로마와 페르시아 지역에서 발흥한 왕조 간의 대결이 지속돼 왔다. 메소포타미아 지역 등을 사이에 두고 1000여 년에 걸쳐 싸움이 이어졌다. 이 싸움은 아랍 선지자 무함마드의 군대가 일어나고서야 끝이 났다. 아랍의 군대는 삽시간에 사산조 페르시아를 멸망시킨 뒤 7세기에 광활한 이슬람 제국을 건설했다. 최초의 아랍 통일 왕조는 우마이야 제국이었다. 그러나 수학을 포함한 아랍 학문의 최전성기는 그 뒤에 일어난 압바스 왕조 때였다. 꿈에서 아리스토텔레스를 만난 알마문은 이 왕조의 일곱 번째 주인(재위 기간 813~833년)이었다.

기록으로 전하는 알마문의 꿈이 사실이었는지는 알 수 없다. 그가 통치하던 시절 아랍은 세계 학문의 중심이었으며, 제국의 수도 바그다드가 아랍의 중심이었던 건 맞다. 그러나 압바스 왕조를 실질적으로 구축한 이는 알만수르였다. 2대 칼리프(재위 기간 754~775년)였던 그는 유클리드를 동경해 성곽을 완벽한 원의 형상으로 만들었다고 한다. 도시는 기하학적 질서와 점성술의 원리에 따라 설계됐다. 사산조 페르시아기에 있었던 왕립 도서관을 재건한 사람도 그였다. 이 도서관은 알마문의 시대에 이르러 '베이트 알 히크마Bayt al-Hikma', 곧 '지혜의 집'으로 불리며 절정기를 맞는다. 이곳 지혜의 집은 고대 문헌의 번역과 학문 연구의 요람이 되었다.

칼리프들의 전폭적인 지원으로 이뤄진 이슬람 제국의 번역과 연구 작

지혜의 집

업은 전례 없이 활발했다. 플라톤, 아리스토텔레스, 히포크라테스의 저작이 아랍어 문장을 입었다. 프톨레마이오스의 『수학대전』은 '알마게스트'라는 제목으로 아랍 천문학의 기초를 놓았다. 여기에 유클리드의 『원론』이 빠질 수 없었다. 인도의 수학은 이미 알만수르의 시대에 번역됐다. 압바스의 외교 사절들은 적대국인 비잔티움(동로마)으로부터 수많은 그리스 서적을 들여왔다. 상대가 그 누구든 전혀 상관없었다.

"진리가 어떤 원천에서 비롯되었든 간에 설령 그것이 고대인들이나 외국인들에 의해 전해진 것일지라도 우리는 진리를 인정하는 것에 대해 부끄러워해서는 안 될 것이다."

9세기 아랍 철학자인 알킨디의 말이 당시 압바스 왕조의 열정을 대변하는 듯하다. 심지어 칼리프의 후궁들조차 번역본을 구하려 애썼다니, 적어도 학문에 관한 한 그들은 엄청난 대식가였다.

고대 메소포타미아, 그리스, 페르시아, 인도의 학문이 아랍으로 모여들고 이곳에서 퍼져 나갔다. 그러나 철학, 수학, 천문학, 과학에 이르는 모든 문헌이 그저 수집되기만 한 것은 아니다. 인류의 귀중한 지식과 사상은 하나의 용광로에 녹아들었다. 그리고 그 속에서 문명은 아랍이란 이름의 형상으로 새롭게 주조됐다. 여기에는 인종적 편견이 존재하지 않았다. 광활한 제국을 순수 아랍인만으로 다스릴 순 없었다. 2대 칼리프였던 알만수르는 이슬람 영토를 학문으로 통치하고자 했다. 바그다드 어디에서나 유대인, 기독교인, 페르시아와 메소포타미아의 학자들을 쉽게 만날 수 있었다. 그들은 거리 곳곳에서 거리낌없이 모여 학문을 논했다. 그렇다. 당시 아랍은 인종과 학문의 용광로였다!

바그다드에 분 인도의 바람

8세기 중반 학자 사절단이 바그다드의 칼리프 궁전을 방문했다. 인도인들이었다. 알만수르가 초대한 이 인도 학자들은 산스크리트어로 된 과학 문서를 품에 안고 있었다. 수학사가들은 그것이 『시단타』나 브라마굽타의 『브라마스푸타시단타』였을 거라고 말한다. 인도의 천문학과 수학이 아랍에 전해진 것이다. 이 시기부터 인도 과학은 이슬람 제국 초기의 학문에서 구심점 역할을 하게 된다.

힌두교 학자들은 삼각법과 방정식을 들여왔다. 일식과 월식을 예측하는 고도의 천문학 지식도 알려 주었다. 가장 기초적이고 혁신적인 것은 그들의 수 체계였다. 영어로 '신성Divine'이라고 불리는 인도의 데바나가리Deva-nāgari 문자는 0부터 9까지 열 개의 수로 모든 단위를 표현할 수 있는 혁신적 산물이었다. 이전까지 이슬람 사람들이 알고 있던 수 체계는 그리스의 알파벳 숫자나 바빌로니아의 60진법 표기뿐이었다. 그들은 서서히 인도의 기수법과 이를 이용한 편리한 산술을 받아들였다. 데바나가리의 ०१२३४५६७८९는

아라비아 숫자의 변천

브라미숫자	一	二	三	𝍦	𝍧	𝍨	𝍩	𝍪		
인도 숫자	۱	۲	३	۶	५	८	७	८	९	०
서아라비아 숫자	1	2	૩	૪	५	6	7	8	9	
11세기 서유럽	۱	۲	૩	૪	०	५	∨	∧	9	·
15세기 서유럽	۱	6	६	૪	५	८	∧	8	9	
16세기 서유럽	1	2	3	8	५	6	∧	8	9	0
16세기 서유럽	1	2	3	4	5	6	7	8	9	0

바그다드에서 '١٢٣٤٥٦٧٨٩로 변형되어 갔다. 바그다드가 중심이 된 동아랍과 달리 스페인을 거점으로 한 서아랍에서는 조금 다른 형태로 자리 잡았다. 현대의 인도-아라비아 숫자와 비슷한 모양이었다. 이것이 유럽으로 퍼지면서 인도의 숫자를 아라비아 숫자로 둔갑시킨 것이다.

이후 인도의 자릿수 체계는 15세기 아랍에서 소수나 정수에 두루 적용되는 단계로까지 발전해갔다. 알카시가 10진법을 사용해서 계산한 2π 값은 6.2831853071795865였다. 2로 나눈 π의 값은 오늘날 소수점 이하 16번째 자리까지 정확히 일치한다. 앞선 문명의 어느 누구도 다가서지 못한 정밀한 근사 값이다.

힌두 천문학이 아랍의 과학에 미친 영향 역시 대단히 크다. 8세기에 전해진 산스크리트어 서적은 『신드힌드』라 불리는 아랍어 번역본으로 나왔다. 9세기에 페르시아계 수학자 알콰리즈미는 이 책과 프톨레마이오스의 『알마게스트』 등을 참조해 표를 새롭게 정리했다. 표의 제목은 '지즈 알 신드힌드'로 여기서 '지즈 Zij'는 천문표를 뜻한다. 이로써 아랍인들은 특정한 날의 천체 위치, 경로, 일식을 예측할 수 있게 됐다. 알콰리즈미는 『브라마스푸타시단타』의 사인표도 정비했다. 그는 $\frac{1}{150}°$를 단위로 세밀한 사인 값과 탄젠트$^{\tan}$ 값을 정리해 삼각표를 만들었다. '지즈 알 신드힌드'는 수백 년 동안 이슬람 전역에서 사용되다가 12세기에는 유럽까지 전해져 중세 서양 수학계의 중요한 참고 자료가 되었다.

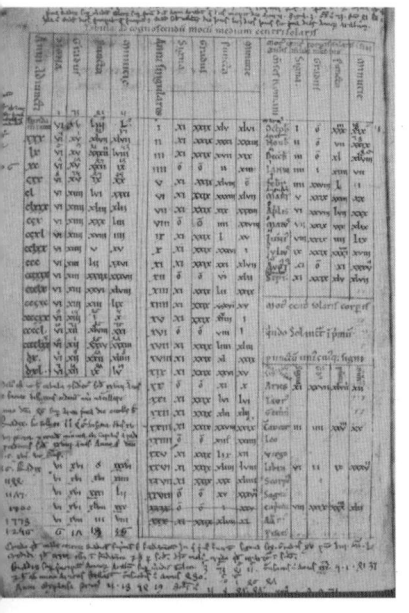

알콰리즈미가 새롭게 정리한 천문표

『알마게스트』와 프톨레마이오스

　알콰리즈미에 이어 10세기의 아부 알와파(아불 웨파)에 이르러 더욱 정밀한 삼각법이 출현했다. 바그다드 천문대의 학자였던 그는 사인표를 계산하는 새로운 방법을 개발했고, 달의 운동을 연구하며 탄젠트와 코탄젠트^{cot} 함수 값을 구했다. 시컨트와 코시컨트 함수를 발견한 사람도 그였다. 사인^{sin}, 코사인^{cos}, 탄젠트^{tan}, 코시컨트^{csc}, 시컨트^{sec}, 코탄젠트^{cot}. 이 중에서 아랍이 수입한 것은 사인 값이었다. 이슬람 학자들은 인도에서 받아들인 삼각법의 지식을 만개시켜 천문 수학의 새로운 지평을 열었다.

　서양이 중세의 암흑기를 지나는 동안 아랍인들은 태양과 달, 천체의 운동을 관찰하며 빛을 바라보았다. 천문표, 삼각함수, 정밀한 달력, 지도 그리고 천체의 위치를 관측하는 아스트롤라베까지……, 당시의 서양으로선 엄두도 낼 수 없는 첨단 문명을 자랑하기에 이르렀다. 시간이 흐르면서

천체 관측 기구인 아스트롤라베

제4부 문명의 용광로 | 105

이슬람에 대한 지적 영향력은 인도에서 그리스로 서서히 옮겨 갔다. 프톨레마이오스의 『알마게스트』는 『코란』 다음으로 중요한 서적이 되었다. 특히 『원론』의 번역과 함께 그리스의 영향력은 더욱 확대됐다. 그러나 초기의 아랍 수학과 천문학을 이끈 주역은 어디까지나 인도였다. 그들의 기수법과 산술이 없었다면 아마도 아랍은 그토록 커다란 대수학의 발전을 이룩하지 못했을 것이다.

대수학, 독립을 선언하다

"알마문 폐하께서 특별히 내리신 과학 사랑에 용기를 내어 짧은 저작을 썼다." '대수학의 아버지'라고 불리는 알콰리즈미가 책 한 권을 완성했는데, 그 유명한 『복원과 상쇄의 서(書)』다. 칼리프는 이 책의 저술을 주문하며 특별히 당부를 한 것이 있었다. '복원과 상쇄의 법칙을 이용한 짧은 책을 쓸 것'. 단 '산술에서 가장 간단하고 유용한 분야에 한정할 것'이었다. 알콰리즈미는 통치자의 주문을 잊지 않았다. 다음은 책 서문의 내용이다.

"책의 내용은 가장 쉽고 유용한 산술, 예를 들어 상속, 유산, 분할, 법률 소송, 교역의 경우 또는 개인 간의 거래와 토지 측량, 수로를 파거나 도형을 계산하는 경우처럼 끊임없이 요구되는 다

'대수학의 아버지' 알콰리즈미

양한 종류의 목적들에 국한한다."

『복원과 상쇄의 서』의 아랍어 원제에는 책의 발행 목적이 충실히 담겨 있다. '알키타브 알무크타샤르 피 히사브 알자브르 왈무카발라'. 이를 해석하면 '복원과 상쇄라는 계산법에 대해 간결하게 정리한 책'이다. 여기서 알자브르 al-jabr는 '복원'을, 왈무카발라 wa'l-muqabala는 '상쇄'를 의미한다. 오늘날 '대수학'을 가리키는 영어의 앨지브라 algebra는 아랍어 알자브르에서 나왔다. 복원이란 방정식의 한쪽 항에서 뺀 양만큼 다른 쪽 항에서 되살리는 방식이다. 쉽게 말해 오늘날의 '이항'을 말한다.

$$x^3 = 21x^2 - 2x^3$$
$$x^3 + 2x^3 = 21x^2 - 2x^3 + 2x^3$$
$$3x^3 = 21x^2$$

상쇄의 법칙도 이와 비슷하지만 '문자와 차수가 같은 동류항의 경우'에 해당한다. 가령 미지수가 x로 같고, 차수와 동류항의 개수도 똑같은 식을 생각해 보자.

$$x^2 + 40 = 5x^2 + 20$$

여기서 x의 차수는 좌우 항이 모두 2차이고 미지수와 상수의 개수도 각각 같다. 상쇄는 미지수든 상수든 동류항 하나를 빼서 항의 수를 줄일 때 사용한다.

$$x^2 + 40 = 5x^2 + 20$$

$$x^2 + 40 - 20 = 5x^2 + 20 - 20$$

$$x^2 + 20 = 5x^2$$

우리에게는 아주 초보적인 방정식이지만, 당시로서는 이것만으로도 커다란 진보였다. 알콰리즈미는 이 방법들을 이용해 모두 6가지 유형의 일차와 이차 방정식 풀이법을 소개했다. 이 책에서 수학적인 수식을 찾아보기는 어렵다. 대수학(代數學)이란 '대수'라는 명칭 그대로 '수를 대신해 문자를 사용함으로써 방정식을 푸는 방법을 연구하는 학문'이다. 그러나 당시만 해도 수식을 약호가 아닌 말로 풀어냈다. 이 때 문장은 비유적이었다. 미지량을 x가 아닌 '물건'이라고 표현했으며, x^2은 '부나 재산'을 뜻하는 '말mal'로 나타냈다. 어렴풋이 대수학적인 느낌이 나기는 하지만 현대적인 의미와는 조금 거리가 있다. 게다가 음수나 0은 근으로 생각하지도 않았다.

그러나 이 초등 대수학 교재가 대수학의 역사에 커다란 전기를 마련한

것만은 분명한 사실이다. 『복원과 상쇄의 서』는 대수를 수학의 독자적인 영역으로 독립시킨 최초의 책이었다. 알콰리즈미의 영향력은 훗날 그의 이름에서 비롯된 단어 하나를 낳았다. '명백한 규칙에 따라 제한된 단계 내에서 문제를 푸는 과정', 곧 '알고리즘Algorithm'이다.

알콰리즈미 이후 아랍의 대수학은 11~12세기에 걸쳐 또 한 번의 도약을 보여 준다. 수학자, 천문학자, 시인이자 철학자였던 오마르 하이얌이 그 주인공이다. 그는 기하학을 이용해 삼차 방정식의 풀이를 완성했다. 대수적으로는 결코 풀 수 없다고 생각했지만, 그것은 잘못된 생각이었다. 그러나 기하학적인 측면에서 하이얌은 삼차 방정식에 대해 유럽인들보다 훨씬 앞선 수학적 견해를 들려 준다.

"자와 컴퍼스만으로는 삼차 방정식을 풀 수 없다. 이것을 풀려면 원뿔곡선이 필요하다."

1차(x)는 선분, 2차(x^2)는 평면 도형, 3차(x^3)는 입체를 가리킨다. 하이얌은 평면기하학에서는 삼차 방정식의 문제를 풀 수 없다고 말했다. 유럽의 수학자들이 이런 결론에 도달한 것은 17세기가 되어서였다. 현대적으로 수식화한 삼차 방정식을 가지고 오마르 하이얌의 접근법을 들여다보자.

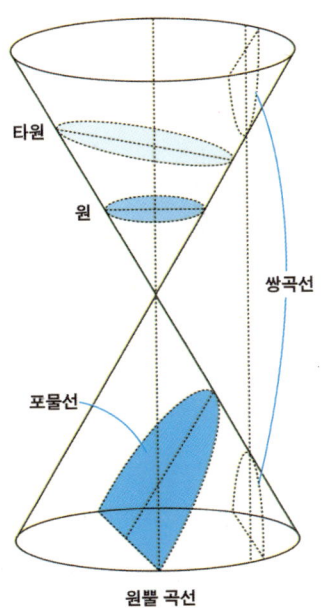

$x^3 + ax^2 + bx + c = 0$

$x^2 = 2py$로 치환한 후 위의 수식에 대입한다.

$$2pxy + 2apy + bx + c = 0$$

이 수식은 쌍곡선을 가리킨다. 하이얌은 이 쌍곡선과 앞서의 $x^2 = 2py$라는 포물선 사이의 교점을 구하는 방식으로 방정식의 근을 구했다. 현대적인 좌표로 보면 교점 (x, y)의 x값을 구한 것이다. 이처럼 기하학은 이슬람에서 나름의 발전된 모습을 보여 주었다. 대수학을 독립적인 영역으로 끌어올린 알콰리즈미도 마찬가지였다. 방정식은 대수학으로 풀고 검증은 기하학으로 했다. 이런 방식은 아랍 수학자들에게 매우 보편화된 것이었다. 하이얌의 말은 이를 잘 대변해 준다. "대수학이란 증명된 기하학적 사실이다."

그로부터 500여 년이 지나 근대에 이르러 페르마와 데카르트의 해석기하학이 출현한다. 이 학문의 본질은 기하학을 대수학적으로 환원하는 데 있다. 이쯤 되면 페르마와 데카르트에게서 중세 아랍 수학자들의 향기가 느껴지지 않는가?

아랍 수학자는 융합형 지식인의 원류?

알콰리즈미는 자신의 주요 저작을 통해 인도의 기수법과 셈법을 널리 알리고자 했다. 『복원과 상쇄의 서』에서는 간단하게, 『인도의 계산법에 대하여』에서는 보다 자세하게 이를 다뤘다. 그가 아랍 수학사에 미친 영향력은 인도 숫자가 아라비아 숫자로 와전되는 데 적잖은 기여(?)를 했다. 대수학은 그리스가 아니라 아랍에서 괄목할 만한 성장을 하게 된다. 삼각법, 천문학을 한층 정교화시킨 것도 그들의 공로였다. 상대적으로 두드러지지는 않았지만 기하학 분야에서도 나름의 발전은 있었다. 오마르 하이얌, 알투시 같은 이들이 유클리드의 '평행선 공리(기하학 제5공리)'를 증명하고자 노력했던 것이다. 이 과정에서 이슬람은 19세기 비유클리드 기하학의 탄생에 중요한 동기를 제공했다.

오마르 하이얌

아랍 수학의 또 다른 면모는 실용성에 있다. 알콰리즈미는 실용적인 초등 대수학 교재를 저술했는데, 대수학을 최초로 '정의'한 오마르 하이얌도 이와 크게 다르지 않았다. 교양수학 저술가인 마이클 J. 브래들리는 "대수는 주로 거리, 넓이, 부피, 무게, 시간과 관련이 있는 물리적인 상황에서 발생되는 문제들을 해결하는 분야다"라고 설명했다고 한다. 알콰리즈미가 『복원과 상쇄의 서』의 서문에서 밝힌 "토지 측량, 수로를 파거나 도형을 계산하는 경우"가 연상되는 대목이다.

실용성에 대한 추구는 9~10세기 철학자인 알파라비의 말에서도 여실히 드러난다. 바로 '공구(工具)의 학문'이다. 그가 『학문일람』에서 밝힌 이 개념어는 역학에 활용되는 응용 수학을 가리키는 말이었다. "공구 학문의 목적은 수학을 통해 입증된 존재들이 물리적인 물체에 적용되도록 하는 수단을 찾아내는 데 있다." 저명한 이슬람 학자인 버나드 루이스는 그것이 대수학은 물론이고 건축과 측량, 천문 및 음악 기구, 광학적 기구의 제작 등 신기한 물건을 만들어 내는 모든 기술을 총칭한다고 말한다.

그리스는 실험과 관찰, 응용이 핵심인 과학이나 공학을 냉대했다. 반면에 아랍인의 태도는 좀 더 현실지향적이었다. 알콰리즈미는 해시계, 천체 관측 기구인 아스트롤라베 관련 저작뿐 아니라 정밀한 지리학 관련 책도 펴냈다. 오마르 하이얌은 대단히 정밀한 달력을 제작했다. 현대의 그레고리력은 3330년에 하루의 오차를 발생시키는 반면 하이얌의 '잘라르력'이 보여 주는 오차 범위는 5000년에 하루였다. 중세 의학의 대가 이븐 시나(아비센나), 광학 연구에 탁월했던 이븐 알하이삼(알하젠), 선박과 기계 제작을 지휘한 이븐 무사 가문(家門)의 사람들……. 그들은 동시에 수학자이기도 했다.

21세기에 들어서면서 학문의 융합Convergence이 더욱 강조되고 있다. 어쩌면 진정한 의미의 융합은 아랍에서 시작된 것이 아닐까.

찬란한 정신의 대륙, 빛을 전파하다

십자군 원정에서 죽음의 고비를 넘긴 로빈후드. 망원경을 들여다보던 그가 기겁하며 칼을 빼어 든다. 그러더니 이내 의아한 표정이다. 망원경을 보았을 땐 분명히 노팅엄 영주의 졸개들이 바로 앞까지 들이닥쳤었다. 하지만 실제로 보니 들판 저만치에 있는 것이 아닌가! 로빈후드가 다시 망원경을 들여다본다. 또다시 칼을 겨눈다. 곁에 있던 아랍인 친구가 한심하다는 표정으로 그런 그를 쳐다본다. 그 무어인은 자기 물건을 도로 빼앗으며 주인공에게 한 마디 던진다. "어떻게 이런 무식한 작자가 예루살렘을 정복할 생각을 했지?"

영화 〈로빈후드〉(1991)의 우스꽝스러운 에피소드다. 그러나 이 장면은 당시 아랍과 유럽의 문명 수준이 어느 정도였는지 반영한 것이다. 시간 계산의 문제만 해도 그렇다. 중세 유럽은 철저히 시간의 지배 아래 놓여 있었다.

정밀한 삼각법은커녕 기하학 수준도 퇴보한 상태였다. 천문 관측이 제대로 이뤄지지 못해 정밀한 역법을 갖는다는 건 애초부터 불가능했다.

수도원에서 하루 여덟 번 올리는 기도 시간은 날씨나 계절에 따라 들쑥날쑥했다. 시간 계산법이 없다 보니 규칙적으로 하루를 살 수 없었다. 물론 맑은 날에는 태양의 위치를 보고 어느 정도 가늠할 수는 있었다. 하지만 흐린 날에는 어떨까? 게다가 계절이 바뀌고 일출과 일몰 시간이 달라지면 또 어떻게 할 것인가? 그들은 고작 일정한 규격의 양초를 태워 시간을 어림하거나 늙은 수도사의 감에 의존할 뿐이었다. 수학이 침체된 결과였다.

이런 상태에서 천체 관측 기구나 해시계, 물시계 등은 기대할 수도 없었다. 농사에 꼭 필요한 춘분점과 추분점도 오락가락했다. 서양이 시간을 지배하기 시작한 것은 16세기경이지만, 아랍에서는 근 500년 앞서 오마르 하이얌이 정밀한 달력을 만들었다.

인류 문명의 시작점이자 수많은 지혜와 지적 유산을 전파하고 발전시켜 온 이슬람 정신 속에는 르네상스를 꽃피운 뿌리가 잠들어 있다. 게다가 메소포타미아와 이집트 문명, 세계 3대 유일신 종교인 유대교와 기독교, 이슬람교가 발생한 고향이기도 하다. 인류 역사를 5000년으로 본다면 적어도 4800년 간 인류 문명을 주도해 온 지역은 아랍 세계라고 할 수 있다. 때문에 서구 문명의 잘못된 영향을 받아 이슬람 정신이 일그러지고 부정적으로 받아들여지는 현실이 실로 애석하다.

조너선 라이언스는 『지혜의 집』에서 아랍에 대한 편견의 오랜 역사성을 이야기하고 있다. 십자군 원정이 있기 전 서양과 아랍은 그다지 적대적인 관계가 아니었다. 교황권의 강화를 위해 견제 세력인 세속 군주들을 예루살렘으로 내몰면서 비극은 시작되었다. 그 때부터 교회는 아랍을 이방인이 아닌 종교적 원수로 돌려세웠다. 라이언스 박사는 당시에 싹튼 이데올로기가 오늘날까지 아랍을 바라보는 시선을 결정지었다고 말한다. 아랍을 대할 때마다 떠올리는 '테러'라는 단어도 그런 맥락에서 비롯되었다.

인도에서 유래한 '기수법과 셈법', 그리스와 인도, 바빌로니아의 영향을 받은 '대수학', 인도와 그리스의 업적을 진일보시킨 '삼각법' 그리고 그리스의 영향력 아래 놓인 '기하학'. 이는 수학사가들이 대체로 꼽는 아랍 수학의 특징이다. 이슬람 문화의 복합적인 특성은 학문에서도 잘 드러난다. 그렇듯 아랍은 뜨거운 용광로였다. 또한 그곳에서 흘러나온 지성의 열기는 새로운 시대를 예비했다. 암흑기라 불린 중세 유럽을 일깨운 것이다.

기원후 415년 알렉산드리아의 여성 수학자 히파티아가 기독교 광신도들에게 무참한 죽음을 맞았다. 이후 1000여 년 동안 펼쳐진 시간은 소위 '암흑기'라 불리던 서양의 중세(5~15세기)였다. 히파티아의 죽음은 고대 그리스 수학의 종말을 뜻했다. 이오니아 해에서 발원한 이성은 신성의 그늘에 가려지고 말았다. 이 때부터 종교적 배타성이 신학 외의 학문에 빈혈 증세를 야기했다. 그런 점에서 13세기 초 레오나르도 피보나치가 펴낸 『산반

HYPATIA

서』는 중세 시대의 이례적인 산물이라고 부를 만했다(산반이란 '계산판'을 말한다). 야위어 가던 서양 수학은 이 책으로 말미암아 인도-아라비아의 편리한 기수법과 발달된 산술, 대수학을 수혈받을 수 있었다. 중세 유럽인들은 아랍인들의 활발한 번역 작업 덕분에 유클리드의 『원론』도 온전한 형태로 마주할 수 있었다. 기하학이 되살아난 것이다. 게다가 이제 유럽인들도 삼차 방정식을 손쉽게 풀 수 있게 됐다.

아랍의 첨단 수학과 과학 문명의 이기는 정신의 빛이었다. 그 빛이 굳은 서양인의 머리를 다시금 일깨웠다. 아랍이라는 중개자가 없었다면, 근대에서 현대로 이어지는 서구의 수학 발전이 과연 가능했을까?

제5부

움직이는 세계, 미적분

신을 사랑하고 영원을 믿었던
놀라운 민족이 만들어 낸 숫자 '0'의 발견은
인류의 정신을 완전히 바꿔 놓았다.
우리는 이제 유럽으로 간다.
여기서 수학은 전혀 다른 모습으로 태어날 것이다.

요한 베르누이의 편지

1696년 6월의 어느 날, 스위스의 부유한 귀족이자 거물 수학자 요한 베르누이가 편지를 쓴다. 그의 글 속에는 당대의 이름난 수학자들에게 보내는 문제 하나가 담겨 있다. 요한 베르누이, 그는 물론 답을 알고 있다. 베르누이는 잠시 뜸을 들이더니, 회심의 미소와 함께 다시 펜을 움직이기 시작한다. "이 문제를 통해 우리는 어린아이와 어른을 가려 낼 것입니다. 정답을 알아맞히는 이에겐 영원한 명성이 따를 겁니다." 마감 기한은 6개월이었다. 베르누이는 편지에 문제를 동봉하며 봉투에다 수취인에게 보내는 헌사를 다음과 같이 적었다.

"이 세상에서 가장 뛰어난 수학자들에게."

때는 17세기. 독일, 스위스, 프랑스 등 온 유럽의 내로라하는 수학자들에게 문제가 배달됐다. 요즘처럼 교통 수단이 발달하지 않았던 시절이다 보니 도착하는 데만도 몇 달이 걸렸다. 거물 수학자 베르누이가 낸 문제를 풀기만 하면 최고 중에서도 최고의 수학자가 될 수 있었다. 질문의 내용은 생각보다 간단했다.

"높이가 다른 두 점 A와 B가 있다. A와 B를 연결하는 물체를 가장 빨리 내려오게 하는 선, 곧 최단강하선이 무엇인가?"

물론 직선은 답이 아니다. 그게 답이라면 문제를 내지도 않았을 것이다. 독일의 위대한 철학자도 이 문제를 받았다. 법률가이자 종교가, 외교관인 그는 수학 실력도 아주 뛰어난 사람이었다. 바로 독일이 낳았다는 천재, 라이프니츠였다. 그도 머지않아 답장을 보냈다.

그런데 여러 수학자들 가운데 유독 한 사람은 답장을 보내지 않고 있었다. 사실 베르누이가 이 문제를 낸 까닭은 이 사람을 겨냥한 것이었다. 그의 답장을 기다리던 베르누이는 결국 마감 기한을 연장해야 했다.

해답을 꼭 받아야 할 사람, 그는 바다 건너 영국에 살고 있었다. 베르누

이의 편지가 그의 손에 도착한 건 해를 넘긴 후였다. 이 문제를 보고 그는 상대방이 자신을 시험하고 있다는 걸 단박에 알아차렸다. 당시 영국 정부의 화폐주조국 관리인으로 있던 그는 바쁜 나날을 보내는 중이었다. 편지가 도착한 날 늦게 집으로 돌아온 그는 문제를 받자마자 앉은 자리에서 꼼짝도 하지 않고 몇 시간 만에 풀어 버렸다. 그 때까지 베르누이가 낸 문제를 맞힌 수학자는 단 4명뿐이었다. 그리고 문제를 푸는 데 다들 짧게는 며칠, 길게는 몇 주가 걸렸다. 그런데 이 영국의 수학자는 단 하룻밤 만에 문제를 푼 것이다.

그러나 그는 베르누이에게 답장을 보내지 않고 그 해법을 《영국왕립학회 회보》에 익명으로 발표해 버린다. 그의 답변을 기다리던 베르누이는 이후 발표된 학회 회보를 보고 그것이 누구의 것인지 바로 눈치를 챘다. 베르누이는 당시 이렇게 말했다고 한다.

"사자는 발톱만 보고도 안다."

이 '사자'는 영국의 위대한 과학자 아이작 뉴턴(1642~1727)이다. 그리고 뉴턴과 쌍벽을 이룬 또 한 사람의 정답자는 라이프니츠였다. 이로부터 이 두 사람은 수학사에서 가장 치열한 대결을 벌이게 된다.

두 천재의 대결은 베르누이가 낸 문제와 관련이 있었다. 베르누이는 과연 도전자들이 '사이클로이드cycloid'를 알고 있는지 확인해 보고 싶었던 것이다. 사이클로이드는 자전거가 달릴 때 나타내는 궤적이다.

자전거 바퀴의 한 지점에 점을 찍고 달려 보면 그림과 같은 곡선의 자취가 생겨난다. 사이클로이드란 이런 패턴의 곡선을 가리킨다. 베르누이의 문제는 '서로 다른 위치에 있는' 두 점 A에서 B까지 가장 빠르게 도달할 수 있는 선이 무엇인가를 묻는 것이었다. 그림상의 사이클로이드 곡선 하나를

가지고 직선과 비교해 보면 쉽게 확인할 수 있다.

하나는 사이클로이드, 하나는 직선의 자취를 이루는 모형을 만들어 공을 굴려 보자. 어떤가? 일반적인 예상과 달리 중력만이 작용했을 때 물체가 이동하는 속도는 직선보다 사이클로이드 곡선이 훨씬 빠르다. 경사가 가파른 곡면에서는 중력 가속도가 붙고, 완만한 부분에서는 관성력이 작용하기 때문이다.

이처럼 가장 빠른 선을 안다는 것은 '최소값'을 알아야 한다는 의미로, 곧 미적분을 안다는 말과도 같다.

베르누이는 도전자들이 미적분을 아는지 시험해 본 것이다. 당시 학자들의 관심은 '움직이는 세계'에 있었는데, '직선보다 더 빠른 선'을 알고 있었다는 것으로 봐서는 이미 놀라운 성과가 있었음을 짐작할 수 있다. 정적인 대상만을 연구하던 수학이 마침내 움직이는 세계, 즉 변량(變量)을 주목하기 시작한 것이다. 움직이는 세계를 향한 수학의 본격적인 행보, 이 성과에 기여한 첫 번째 인물이 누굴까? 그는 당대의 가장 뛰어난 철학자였다.

사물에 위치를 부여하다

경도와 위도, 사실 두 개의 숫자만 알고 있으면 우리는 어디든 찾아갈 수 있다. 자신의 위치가 움직이면 숫자도 계속 변한다. 실생활에서 이런 방법을 사용하게 된 것은 그리 오래된 일이 아니다.

갈릴레이, 케플러, 셰익스피어, 몽테뉴가 한창 활동하던 17세기에 르네 데카르트(1596~1650)도 철학자로서 활약했다. "나는 생각한다. 고로 존재한다." 그의 유명한 말이다. 데카르트는 우리에게 위대한 철학자로 알려져 있다. 그런 그가 왜 수학 이야기에 등장할까?

데카르트는 많은 도시를 돌아다녔고, 최후는 스웨덴에서 맞았다. 평생 늦잠을 자며 오후 늦게까지 침대에 누워 공상하며 시간을 보냈던 그는 비록 게을러 보이지만 진리를 찾는 데는 누구보다 부지런한 사람이었다.

데카르트는 예수회 대학교를 다니며 세네카, 다캉, 베르길리우스 같은 고대 인물들의 세계를 연구했다. 그러나 금방 싫증을 냈다. 수학을 좋아했기 때문이다. 데카르트는 논거의 명백함 때문에 수학을 좋아한다고 말했다. 철학, 법학, 종교학, 정치 등 인간이 그렇게 많은 진리를 어떻게 안다고 말할 수 있을까? 데카르트는 철저히 모든 걸 의심했다. 그리고 유일하게 의심하

지 않고 진리에 도달하는 방법으로 수학을 붙잡았다. 이제 자신이 배운 모든 것을 다 버린 데카르트는 진리를 추구할 새로운 방법을 찾아야 했고, 여행과 모험을 꿈꾸던 그는 네덜란드 용병에 지원했다.

이십 대의 청년 데카르트가 밤하늘을 보고 있다. 지금 그는 네덜란드 모리스 공 군대의 일원으로 독일의 작은 마을에 머물러 있다. 나이 열여덟에 이미 "어디를 둘러봐도 나 자신의 무지만 보일 뿐이다"라고 말한 회의주의자 데카르트는 자신이 의심하고 있다는 사실 말고는 남은 게 없던 청년이었다.

데카르트는 여전히 수학을 생각하고 있다. "저건 유클리드의 점이야." 머리 위의 별 하나를 유심히 바라보던 그가 내뱉은 말이다. 그렇다. 유클리드 시대에 점은 그저 "더 이상 쪼갤 수 없는 것"일 뿐 다른 점과 구별돼 보이지 않았다. 그러나 데카르트가 여기서 끝낼 리 없다.

"저 점의 위치를 어떻게 설명해야 하지? 그냥 왼쪽? 아니면 왼쪽 위라고 해야 하나?" 너무 모호한 표현이다. 이 때 데카르트는 정확한 방법을 찾아

낸다. X축의 수평선과 Y축의 수직선, 열십자가 만나는 점을 원점(0)이라고 한다면 점은 두 개의 숫자로 표시할 수 있다. 밤하늘을 평면 삼아 그는 곧 수직과 수평의 축에 1, 2, 3, 4…… 숫자를 매기기 시작한다.

"그래! 저 별의 주소는 (5, 3)이야."

점의 위치가 나왔다. 이것이 '데카르트 좌표계Cartesian Coordinates'의 시작이었다.

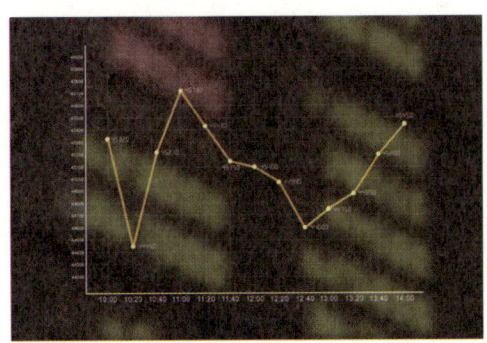

하루에도 몇 번씩이나 바뀌는 게 주식 시세다. 변화하는 숫자는 한눈에 파악하기가 힘들다. 전광판에 떴다 사라지는 숫자만으로는 주가가 어떻게 돌아가는지 알 수 없다. 그러나 이제는 데카르트의 좌표 덕분에 한눈에 알아볼 수 있게 됐다. 모든 움직임을 좌표 위 그래프로 나타내는 시대에 우리는 살고 있다. 이 그래프는 양이 어떻게 변해 가는지 흐름을 보여 준다. 뿐만 아니라 저 선에 내포된 성질을 패턴(수식)화할 수 '있다면' 앞으로의 방향성을 예측할 수도 있다. 데카르트의 좌표가 의미를 갖는 것은 단지 위치를 수로 표시할 수 있다는 것에 머물지 않는다. 더 중요한 것은 따로 있다.

데카르트는 좌표에서 '기하'와 '수'가 합쳐질 수 있다는 가능성을 발견해 냈다. 그가 살던 시대까지 1800년 동안 수학을 지배한 것은 그리스 수학자 유클리드가 쓴 『원론』이었다. 유클리드는 원을 이렇게 정의했다.

"어떤 선으로 둘러싼 도형이 있어서, 한 점에서 직선들을 그었을 때 그 도형에 놓이는 부분이 모두 서로 같으면 그것을 원이라고 부른다."

한 번 들어서는 언뜻 이해가 가질 않는다. 데카르트는 그 긴 정의를 좌표 위에 올려 놓는다. 숫자를 넣어 주는 것이다. 자 그럼, 어떻게 될까?

각 점은 수로 표시할 수 있다. 이들 점을 모두 모으면 하나의 식이 나온다. $x^2 + y^2 = r^2$, 이것이 '데카르트의 원'이다. 참으로 간결하다. 이로써 더디게 발전하던 수학이 한 차원 올라간다. 데카르트가 말한다. "어떤 기하학 문제도 특정한 직선의 길이를 알기만 하면 간단하게 표시될 수 있다." 여기서 그가 말한 '특정한 직선의 길이'란 각 좌표축의 좌표값을 뜻한다. 평면

위의 도형들은 데카르트로 말미암아 '이름'을 갖게 됐다. 앞서 본 주식 시세의 그래프처럼 그 도형들은 사물의 변화하는 양상을 나타낼 수도 있다. 그러므로 도형을 간단한 주식으로 나타내는 데카르트의 방식은 (이를 해석기하학이라고 부른다) 복잡한 사물의 질서를 수학이 좀 더 손쉽게 포착할 수 있다는 얘기가 된다. 그것은 사물의 운동에도 예외가 아니다. 이제 수학이 '움직이는 세계'로 우리를 데려갈 수 있게 된 것이다.

움직이는 세계의 발견

무언가를 알아간다는 것은 그 자체로 즐거운 여정이다. 당신은 지금 하노버로 차를 몰고 있다. 미적분학의 창시자 중 한 사람인 라이프니츠를 만나기 위해서다.

이제 하노버까지 남은 거리는 60km. 시속 60km로 가면 한 시간 후에 도착하게 된다. 시속 60km는 평균 속도다. 하지만 계속 그 속도를 유지한 채 달리는 건 아니다. 속도는 끊임없이 바뀐다. 그렇다면 지금 이 순간, 이 순간의 속도를 어떻게 알 수 있을까?

같은 시기에 두 명의 수학자가 답을 알아맞혔다. 영국의 아이작 뉴턴과 독일의 라이프니츠. 먼저 라이프니츠를 만나 보겠다.

하노버대학은 2008년부터 '고트프리트빌헬름라이프니츠대학'이라는 공식 명칭을 사용하고 있다. 대학에 사람 이름을 붙이는 것은 위대한 인물에 대한 존경의 표시다. 이 도시에 라이프니츠 이름이 붙은 연구소만 무려 30개가 넘는다. 그의 명성이 얼마나 대단한지 알 수 있다. 그중 라이프니츠의 평생이 오롯이 담겨 있는 곳, 라이프니츠도서관에는 그의 유품 가운데 가장 의미 있는 물건이 남아 있다. 바로 1694년에 최초로 사칙연산을 가능케 했던 계산기다.

이 계산기는 곱셈, 나눗셈을 못하는 사람이 많았던 당시에는 대단히 획기적인 발명품이었다. 부품을 구하기가 어려워 완성되기까지 수십 년이 걸렸다. 컴퓨터의 할아버지쯤 된다고 생각하면 된다. 이 기계가 라이프니츠의 유산 중 가장 눈에 띄는 것이긴 하지만, 사실 더 중요한 것은 그가 남긴 원고들이다. 도서관에는 굉장히 많은 양의 원고가 보관되어 있다. 라이프니츠는 10만 쪽 이상의 원고를 남겼는데, 1만 5,000편 이상이 동시대 학자들과 주고받은 편지다. 라이프니츠의 원고는 너무나도 방대해서 아직까지도 정리 중이다. 총 15만 점이나 되지만, 그의 저작물은 노트와 편지, 메모뿐이다. 라이프니츠는 수학, 철학, 과학 모두 뛰어났지만, 그 어떤 분야에서도 체계적인 논문을 남기지 않았다. 10만 쪽의 원고를 알파벳 순으로 정리해 놓은 서랍에는 뉴턴의 이름도 보인다. 라이프니츠가 논문을 발표하기 전에 뉴턴한테 받은 2통의 편지는 나중에 저작권 싸움의 빌미가 되었다.

라이프니츠는 레오나르도 다 빈치처럼 모든 학문을 두루 배우고 그것을 연결시킨 학자다. 따라서 그가 29세에 어떤 천재적인 생각을 떠올린 것은 우연이 아니었다. 그것은 움직이는 것에 대한 것, 바로 '미분'이었다. 미분으로 우리는 순간 속도를 알 수 있다.

데카르트의 좌표를 이용해 가로축을 거리로 놓고, 세로축을 시간으로 놓는다. 만약 한 시간에 60km를 갔다면 이것은 시속 60km로, '거리분의 시간' 값을 측정한 것이다. 그러나 달리는 내내 속도는 변한다. 그렇다면 정확히 가운데 지점을 통과할 때의 속도는 얼마였을까?

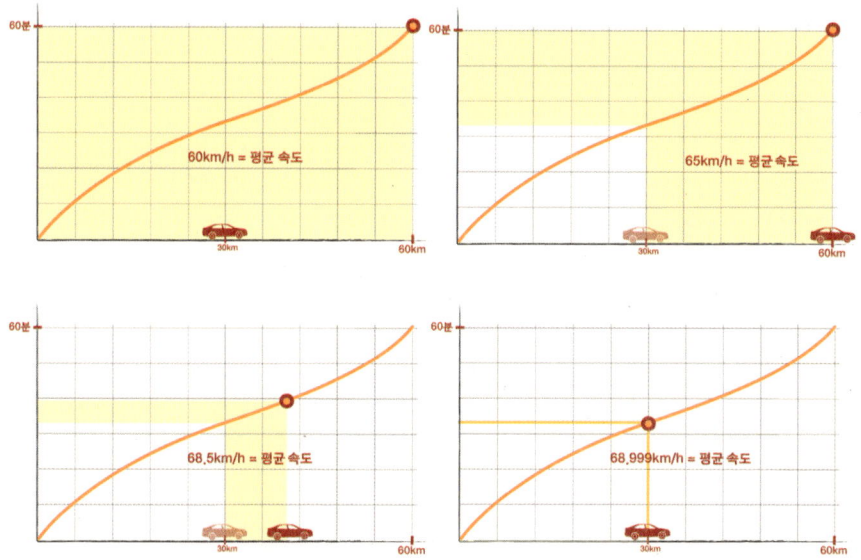

제5부 움직이는 세계, 미적분 | 129

앞의 그림에서처럼 전체가 아닌 특정 구간의 속도를 알려면 곡선의 간격을 좁혀 나가면 된다. 당신이 출발한 지 30분 후부터 속도를 더 올렸을 경우, 곡선의 간격이 좁혀질수록 속도 값은 평균 속도와 차이가 날 것이다. 그리고 이 간격을 좁히면 좁힐수록 우리는 더 정확한 속도 값을 얻을 수 있다. 물론 영원히 그 지점에 닿을 수는 없다. 오히려 평균 속도가 한없이 가까워지는 어떤 일정한 값을 순간 속도로 받아들이는 것이다. 이것이 '미분'이다.

이것은 일종의 마법이었다. 모든 것은 움직이지만, 지금까지 수학은 움직이는 것을 다룬 적이 없었다. 라이프니츠에 이르러서야 우리는 드디어 움직이는 모든 것을 계산할 수 있게 됐다. 이제 흐르는 액체의 부피, 가격의 순간 변화, 시시각각 변하는 대기압에 대해서도 알게 되었다. 수학이 재탄생되는 순간이었다. 라이프니츠는 미래에 미분이 중요해지리라는 것을 알고 있었다. 미분법이 새로운 시대를 열어 갈 것을 직감했던 것이다. 자신의 연구가 인류의 방향을 바꿀 것이라는 기대감으로 라이프니츠의 마음은 부풀어 올랐다.

1684년 라이프니츠는 이 놀라운 성과를 잡지 《학술기요》에 실었다. 그러나 이미 몇 년 전에 그와 똑같은 생각을 한 수학자가 있었고, 그것이 비극의 시작이었다. 결국 라이프니츠는 표절자로 몰리고 말았다.

자연 원리를 푸는 열쇠

뉴턴은 1642년 크리스마스(현대력으로는 1643년)에 태어났다. 그날은 갈릴레이가 죽은 날이기도 했다. 학자로서는 축복을 받았지만, 사실 그의 어린 시절은 그리 행복하지 못했다. 열 달을 다 못 채운 미숙아로 태어난 뉴턴은 살아난 것 자체가 행운이었다. 그러나 불행하게도 그의 친부는 아들이 태어나기도 전에 죽었고, 어머니는 그를 낳은 지 3개월 만에 재혼했다. 뉴턴은 어머니와 새아버지, 이복 동생들과 가깝게 지내지 못했다. 이런 환경은 뉴턴을 '생각하기 좋아하는 아이'로 만들었다. 어린 시절 그의 놀이 상대는 몽상과 눈에 보이지 않는 것들이었다. 책 속에도 가르침이 있었지만, 미래의 과학자가 될 이 아이에게는 모든 주변 현상이 관심의 대상이었다. 그중 가장 관심을 가진 건 눈으로 빛이 어떻게 들어오는가 하는 거였다. 그는 가능한 한 눈의 뒤쪽 가까이에 연필을 찔러 넣으며 빛이 어떻게 보이는지를 관찰하곤 했다. 눈이 멀지도 모르는 위험 같은 건 염두에 두지 않았다.

뉴턴의 생가 옆엔 그만큼이나 유명한 사과나무 한 그루가 서 있다. 2002년 6월, 엘리자베스 여왕의 즉위 50년을 기념해서 '나무위원회The Tree Council'는 이 나무를 '영국의 가장 위대한 나무' 중 하나로 선정했다.

뉴턴은 친구들과 떨어져 사과나무 밑에서 사색을 즐겼다. 떨어지는 사과, 그것은 끊임없이 움직이는 세계의 상징이었다. 사과는 직선으로 떨어지지만, 행성은 타원으로 돈다는 사실을 케플러가 밝혀냈다. 타원으로 돌 때 행성은 늘 같은 속도로 움직이지 않는다. 어느 때는 빠르고, 어느 때는 느리다. 타원이 돌 때 그 순간의 속도, 이것을 알아내기 위해 뉴턴은 미분을 사용했다. 뉴턴의 용어로는 '유율Fluxion'이다. 1665년 그는 속도에 대한 변화율을 '유율'이라고 정했는데, 라이프니츠보다 10년이 빨랐다.

뉴턴은 미분의 개념을 발견한 지 20년 만에 동료들의 권유로 한 권의 책을 출판했다. 현재 영국왕립학회에 있는 가장 유명한 고문서들 중 하나인 『프린키피아』다. 20년에 걸쳐 쓰인 이 책은 200년에 걸쳐 읽히고 있는 스테디셀러로, 정식 제목은 '자연철학에 대한 수학적 원리'다.

뉴턴은 육필로 원고에 다음과 같은 말을 남겼다.

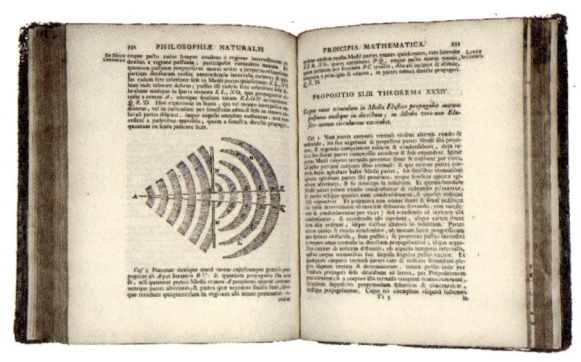

"이 책의 제목은 '자연철학에 대한 수학적 원리'다. 나는 이 책에서 수학적 표현들을 이용해 우주의 원리를 풀고자 했다."

만유인력도, 관성의 법칙도, 행성의 타원 궤도 문제도 이 책을 통해 처음으로 세상에 나오게 되었다. 미적분은 거의 사용하지 않았지만, 미적분을 알지 못하면 결코 나올 수 없는 책이었다.

수학의 씨앗, 두 천재를 만나다

라이프니츠는 서툴렀고, 서둘렀다. 뉴턴은 수줍었지만 정치적으로 노회했다. 그러나 두 사람 모두 당대의 천재였던 것만은 부정할 수 없는 사실이다. 사실 라이프니츠가 발표한 최초의 미적분 논문은 「무리수에 대해서도 적용할 수 있는 극대, 극소와 접선에 관한 새로운 방법 그리고 여기에 대한 놀라운 계산법」이었다. 논문을 발표할 당시만 해도 뉴턴과 라이프니츠 두 사람 사이에는 아무런 문제가 없었다.

그러나 18세기에 들어서면서 라이프니츠와 뉴턴의 싸움은 대륙과 영국 학계 간의 대립으로 번졌다. 이후 10여 년 간 계속된 논쟁을 가리켜 후세 학자들은 '세기의 구경거리', '현대 역사에서 가장 중요한 사건 중 하나'라는 관전평을 내렸다. 베르누이는 라이프니츠 편이었다. 그는 우선권 논쟁이 치열하던 당시 사이클로이드 문제를 통해 과연 뉴턴이 미적분을 알고 있는지 시험해 보고자 했다.

라이프니츠는 영국왕립학회에 공정한 판결을 내려 달라고 거듭 청원했다. 17세기에 이곳은 유럽 학문의 중심이었기 때문이다. 뉴턴과 라이프니츠도 이 학회의 회원이었다. 그러나 라이프니츠는 일반 회원이었고 뉴턴은 1703년부터 25년 간 회장으로 군림하고 있었다. 왕립학회는 조사위원회를 열고 보고서를 제출했다. 최종 발표문의 내용은 이러했다. "연구는 뉴턴이 먼저, 최초의 논문 발표는 라이프니츠가 먼저다. 그러나 미적분 발견자로서

의 공로는 뉴턴과 라이프니츠 모두에게 있다."

결국 라이프니츠는 미적분의 두 번째 발견자가 되었다. 그러나 과학에서 2등은 의미가 없다.

라이프니츠는 하노버의 한 작은 교회에 묻혔다. 왕립학회의 결정으로 충격에 빠진 그는 건강을 회복하지 못했다. 1716년 세상을 떠났을 때 장례식엔 비서 한 명만 참석했을 뿐 그의 말년은 고독했다. 미적분의 중요성을 알았고 끝까지 매달렸지만, 생전에 미적분은 라이프니츠의 소유가 아니었다.

반면 뉴턴은 영국의 심장이라 불리는 웨스트민스터 사원에 묻혔다. 셰익스피어, 바이런, 헨델, 처칠 등 영국의 위대한 사람들이 안장된 곳이다. 거기서 뉴턴은 가장 한가운데에 잠들어 있다. 당대 최고의 학자가 누릴 수 있는 영광을 다 누리고 가장 영광스러운 자리에 누운 것이다.

삶과 죽음은 뉴턴의 승리로 보인다. 그러나 그들이 다퉜던 미적분의 생애는 다르다. 두 사람의 미적분 중에서 끝까지 살아남은 건 '라이프니츠의 미적분'이다. 오늘날 전 세계 수학 강의실에서 쓰는 미적분 용어 가운데 대부분은 라이프니츠의 것이다. dx(디엑스), $\int$(인테그럴) 같은 기호도 마찬가지다. 두 사람의 싸움은 시간 낭비처럼 보이지만 학자로서는 당연한 일이었다. 오늘날 우리는 라이프니츠와 뉴턴 두 사람이 동시에 미적분을 발견했다고 생각한다.

신기하게도 같은 시기, 다른 장소에서 하나의 생각이 나왔다. 그것도 이전의 세계를 뒤바꿀 만한 어마어마한 생각이 말이다. 그렇다면 이 생각은 세상에 나올 기회만을 기다리고 있다가 무르익고 무르익어서 동시대에 터져 나왔다고밖에는 설명할 수 없을 것 같다. 그 씨앗은 두 명의 천재를 만났다. 그리고 세상을 바꿔 놓았다. 우리는 지금 그런 세상에서 살아가고 있다. 로켓을 쏘고 행성을 탐사하는 세계……. 이것은 그들이 보여 준 아주 일부분에 불과했다.

제5부 움직이는 세계, 미적분

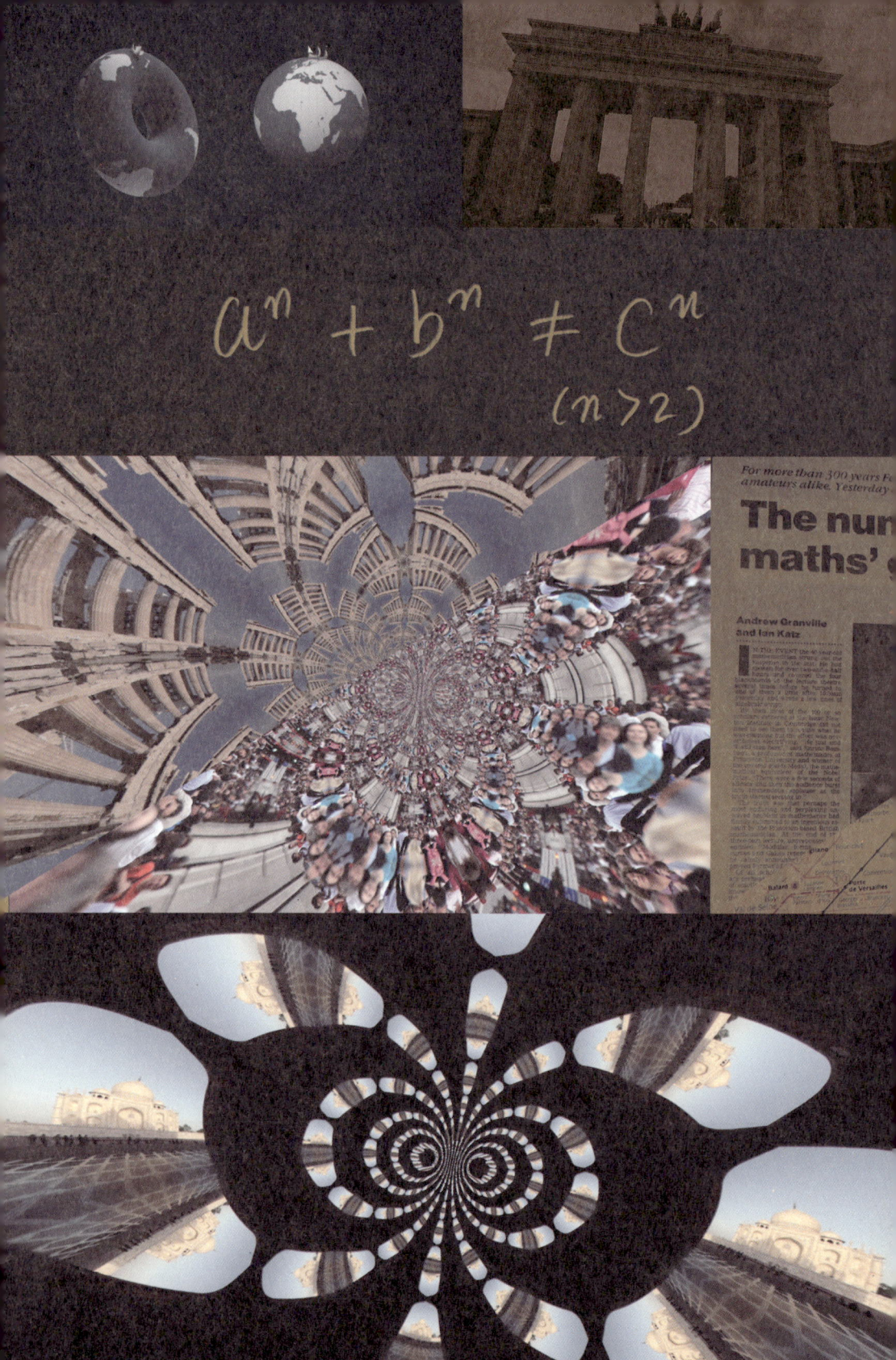

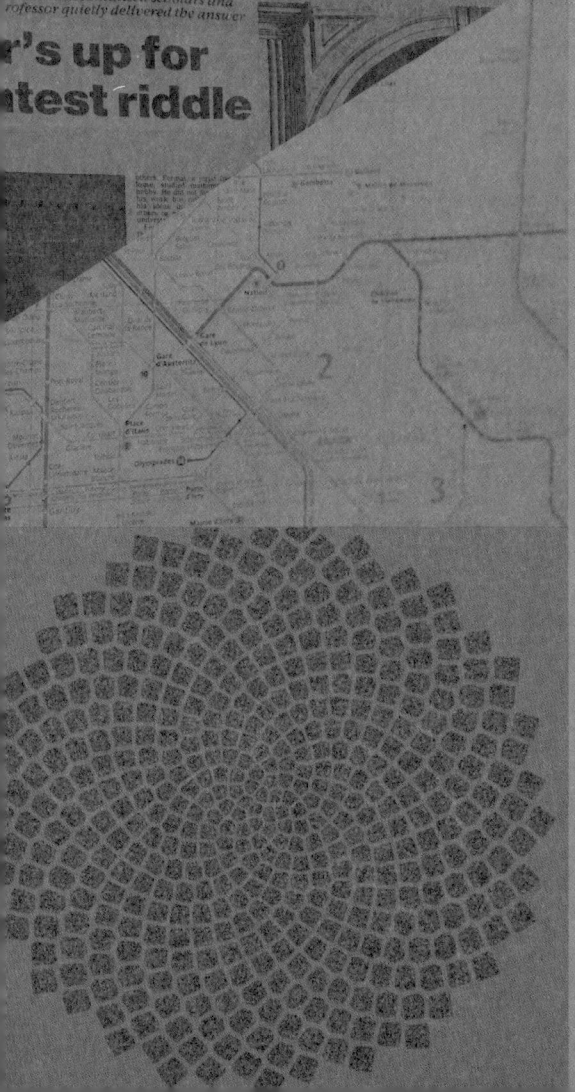

제6부

남겨진 문제들

현재는 항상 미래를 향해 질문을 던진다.
우리를 고대 이집트에서 그리스와 인도를 거쳐
이곳 유럽까지 오게 한 것도
바로 그 질문이다.
마지막으로 우리에게 던져진
두 개의 질문을 찾아가 보자.
하나는 수에 관한 질문이고,
다른 하나는 기하에 관한 질문이다.

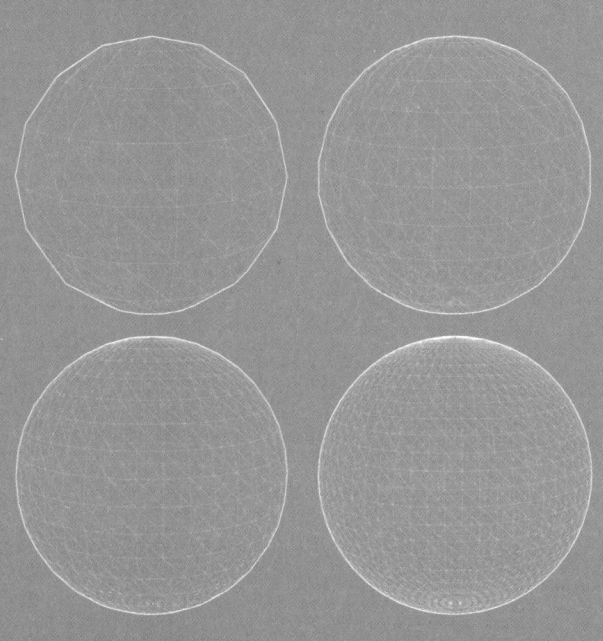

소년, 페르마를 만나다

1963년 영국 케임브리지 밀턴 가(街)의 작은 도서관에 열 살짜리 소년이 들어온다. 학교에서 집으로 가던 중 무심코 이곳에 들른 소년은 평소 좋아하던 수학 코너를 찾아간다. 이내 이 책, 저 책을 뒤적이던 소년의 시선을 한 권의 책이 사로잡는다. 수학사가인 에릭 템플 벨이 지은 『마지막 문제』다. 책장을 넘기던 소년은 금세 그 내용 속으로 빠져든다. 이 책에는 문제가 하나밖에 없다. 그러나 300년이 지나도록 그 문제를 푼 사람이 없다는 사실에 소년은 온통 마음을 빼앗기고 만다. 소년의 이름은 앤드루 와일스(1953~)로, 그는 열 살에 평생 자신이 풀어야 할 문제를 만났다.

"어떤 사람이 300년 전에 이 문제를 풀었다는데, 그걸 본 사람이 아무도 없었지요. 사실 그가 풀었는지조차도 불확실했고요. 수많은 사람이 도전했다고 하더군요. 문제 자체는 열 살짜리도 이해할 만큼 쉬운데, 최고의 수학자들도 증명에는 실패했다고 하더군요. 그 순간부터 이 문제를 꼭 풀겠다고 마음먹었죠. 제겐 그건 정말 아름다운 문제였던 동시에 굉장한 도전이기도 했습니다."

30년이 지난 뒤 앤드루 와일스는 당시의 순간을 이렇게 회고했다. 수학 교과서에 나오는 문제는 수업 내용만 이해하면 몇 분 만에 풀 수가 있다. 그런데 어떤 문제는 그것을 푸는 데 수 백 년이 걸리기도 한다. 골치 아파 보이긴 하지만, 그래서 더 매력적이다. 영국의 꼬마 수학자가 도전한 문제는 지금으로부터 350년 전 프랑스에 사는 한 사람에게서 비롯됐다.

프랑스 제4의 도시인 툴루즈. 그 사람은 이 도시에서 살았다. 현재 툴루즈 시의 청사로 쓰는 건물에서 우리는 그의 자취를 느낄 수 있다. 17세기에 이곳은 치안판사 본부였는데, 건물 안으로 들어서면 오래된 역사의 위엄이 절로 느껴진다. 그리고 고풍스러운 중앙 복도를 조금 걷다 보면 한쪽 벽면에 세워진 흉상 하나를 보게 된다. 피에르 드 페르마다. 그는 이 재판소의 수석 판사였다.

사실 페르마를 유명하게 만든 건 본업이 아니라 그의 취미였다. 그가 관심을 가졌던 건 바로 수학이었다. 페르마를 가리켜 '프로 수학자를 울린 아마추어'라고 일컫는 데서도 알 수 있듯이, 취미로 수학을 했지만 실제로 그가 수학사에 남긴 업적은 어마어마하다. 오늘날 우리가 달나라에 로켓을 날려 보낼 수 있는 것도 그의 아이디어 덕분이다.

페르마는 극대 극소값 이론으로 미적분 탄생에 결정적 계기를 마련한 사람이다. 뉴턴조차도 자신이 미적분학을 발명한 데 페르마의 공로가 컸다고 인정했다. 흔히들 데카르트를 해석기하학의 창시자라고 하지만, 사실은 페르마의 공로 역시 그에 못지않다. 그가 해석기하학 이론을 정립한 시기는 데카르트와 비슷하거나 오히려 약간 앞선다는 것이 수학사가들의 공통된 견해다. 페르마는 물리학, 수학의 정수론, 확률론 등 수많은 분야에 업적을 남겼다. 하지만 아쉽게도 생전에 그의 저작은 출판되지 않았다. 이는 페르마가 동시대의 라이벌인 데카르트에 비해 덜 유명해진 이유이기도 하다.

페르마는 옆구리에 늘 수학책 한 권을 끼고 살다시피 했다고 한다. 기원후 3세기 사람으로 알려진 고대 그리스 수학자 디오판토스의 『아리스메티카(산수론)』였다. 재판이 없을 때면 페르마는 책에 나온 피타고라스의 정리와 삼각수 문제를 풀거나 직접 문제를 만들기도 했다. 물론 '아마추어답게' 수학적 아이디어를 제대로 정리하지 않고 여기저기에 메모를 남기곤 했다. 논란이 되었던 그 문제도 마찬가지였다.

툴루즈공공도서관에서 『아리스메티카』를 찾았다. 1575년에 출간된 것으로 페르마가 직접 들고 다녔다는 그 책이다. 이 책 주인의 사인도 보인다.

페르마는 2장 여덟 번째 문제의 여백에 자기 아이디어를 남겨 놓았다. 피타고라스 정리와 관련된 메모였다.

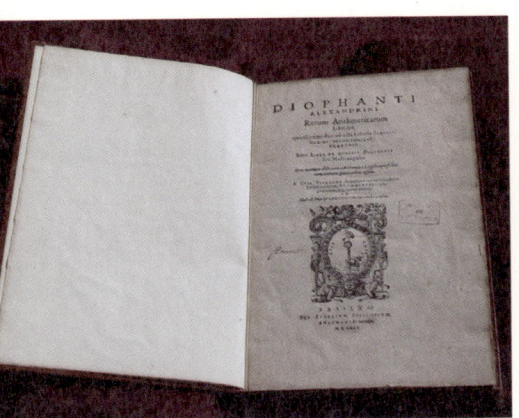

$$a^2+b^2=c^2$$

이것을 만족시키는 정수는 많다.

$3^2 + 4^2 = 5^2$

$5^2 + 12^2 = 13^2$

$7^2 + 24^2 = 25^2$

$8^2 + 15^2 = 17^2$

……

페르마는 이 방정식에서 지수만 살짝 바꿔 놓았다.

$$a^3+b^3=c^3$$

이 식을 만족시키는 정수 a, b, c는 무엇일까? 페르마는 "없다"라고 썼다. 또한 그는 3 이상의 그 어떤 정수가 지수 n이 돼도 마찬가지라고 했다. 즉 다음과 같이 표현될 수 있다.

$$a^n+b^n \neq c^n \, (n>2)$$

이것이 300년 후 영국의 한 소년을 매혹시킨 페르마의 마지막 정리다. 시간이 흘러 페르마가 책의 여백에 적어 놓은 미해결된 여러 문제들은 후세의 수학자들에 의해 해결됐다. 그러나 '페르마의 대정리'라고까지 불린 이 마지막 문제만큼은 도무지 해결되지 않는 난공불락의 요새로 남아 있었다. 페르마는 마지막 문제에 하나의 주석을 더 달아 놓았다.

"나는 경이로운 방법으로 이것을 증명했다. 하지만 여백이 좁아서 여기에 다 옮겨 쓰지는 않겠다."

바로 이 말 한 마디 때문에 전 세계 수학자들이 이 문제에 뛰어들었다.

오일러의 도전, 절반의 성공

페르마의 정리에 뛰어든 첫 번째 천재 수학자는 베토벤과 같은 시대의 사람이었다. 베토벤이 말년에 청력을 잃었다면, 그는 말년에 백내장으로 시력을 잃었다. 그러나 베토벤처럼 그 역시 신체적 장애를 딛고 실명 상태에서도 7년이나 더 연구에 매진했다. 오히려 이 기간에 그는 수학계에 가장 많은 업적을 남겼다. 시련 속에서도 800여 편에 달하는 방대한 수학 논문을 완성한 수학자, 그는 레온하르트 오일러였다.

젊은 시절 오일러는 페르마의 마지막 정리에 도전했다. 거기엔 풀어야 할 방정식이 산더미처럼 늘어서 있었다. $a^n + b^n \neq c^n (n > 2)$에서 n이라는 지수에 대입할 모든 수의 경우를 검증해 봐야 했기 때문이다. 생전의 페르마는 수의 성질을 연구하는 정수론에 큰 업적을 남겼다. 페르마의 정리를 증명하기 위한 후대 학자들의 노력 역시 지수 n의 비밀을 수론의 관점에서 해결하는 데 맞춰졌다. 페르마의 정리에서 n은 자연수이다. 그리고 어떤 자연수든 소수이거나 소수의 곱으로 이뤄진다는 특징을 가지고 있다. 2, 3, 4(2 × 2), 5, 6(3 × 2), 7, 8(2 × 2 × 2)……. 따라서 모든 자연수는 소수로 분해된다.

 이처럼 소수가 자연수의 바탕을 이루고 있어 우리나라에서는 바탕 '소(素)' 자를 써서 바탕이 되는 수, 즉 소수(素數)라고 부른다.

 $n = 4$일 때 페르마의 정리가 성립된다는 사실은 페르마 자신에 의해 증명됐다. 더욱 어려운 것은 지수가 홀수인 경우였다. 이 문제가 생기고 100년 만에 드디어 오일러는 $n = 3$인 경우에 도전했다. 그러나 이를 위해서는 새로운 수 개념이 필요했다. 그 새로운 수란 '허수'였다.

 허수는 기존의 수 체계에서 이해하기가 어려운 개념이었다. 그래서 처음 도입할 때부터 '상상의 수'라는 뜻에서 허수(虛數)Imaginary Number라는 말이 붙여졌다. 이것을 이해하기 위해선 조금 다른 각도에서 들여다봐야 한다.

 가령 어떤 사람이 넓이가 1600인 토지를 가지고 있는데, 빚을 져서 3200을 잃었다고 가정해 보자. 여기서 남은 토지는 −1600이다. 그렇다면 이 토지의 한 변은 얼마일까? 40은 아니다. −40도 아니다. (−40) × (−40)은 −1600이 아닌 +1600이 될 테니까 말이다. 따라서 우리는 '제곱해서 음수가 되는 수'를 가리켜 허수라고 부른다. 허수의 기본 단위인 i는 제곱해서 −1이 되는 수를 말하므로 $i = \sqrt{-1}$이다. 이 기호를 보편화시킨 사람이 바로 오일러였다.

오일러는 허수를 이용해 "$n = 3$일 때 a, b, c를 만족시키는 정수의 해는 존재하지 않는다"는 것을 증명해 보였다. 이어서 n이 5일 때의 증명에 도전했지만 성공하지 못했다. 결국 페르마의 마지막 정리, 그 증명의 첫 단추를 열었지만 증명 자체를 완성하지는 못한 것이다. 오일러라는 위대한 수학자가 실패했다는 사실은 동시대의 수학자들에게 큰 충격을 안겨 주었다.

350년의 비밀이 드디어 풀리다

저주받은 문제였다. 그러나 수학자들은 갈수록 이 문제에 빠져들었다. 18세기의 오일러, 19세기의 르장드르, 아벨, 디리클레, 베르트랑, 가우스, 제르맹, 라메, 코시, 크로네커, 테이트, 힐베르트……. 이후 20세기에 이르기까지 당대의 수많은 천재가 이 문제에 도전했다. 그러나 어느 누구도 완벽한 성공에는 이르지 못했다.

페르마의 정리가 수학자들에게 '통곡의 벽'으로 인식되어 갈 때쯤 『마지막 문제』에 매혹되었던 열 살짜리 영국 소년은 어느덧 성인이 돼 있었다. 1975년 앤드루 와일스는 케임브리지대학에서 수학박사 과정을 밟으며 타원곡선 연구에 몰두해 있었다. 페르마의 마지막 정리와는 아무런 관계가 없는 분야였다. 그 저주받은 문제와 씨름하다 좌절할까 봐 염려한 스승의 만류로 와일스는 잠시 소년 시절의 꿈과 멀어져 있었다. 그런데 그 사이에 운명처럼 다시 그의 발걸음을 돌려 세울 어떤 발견이 이뤄지고 있었다.

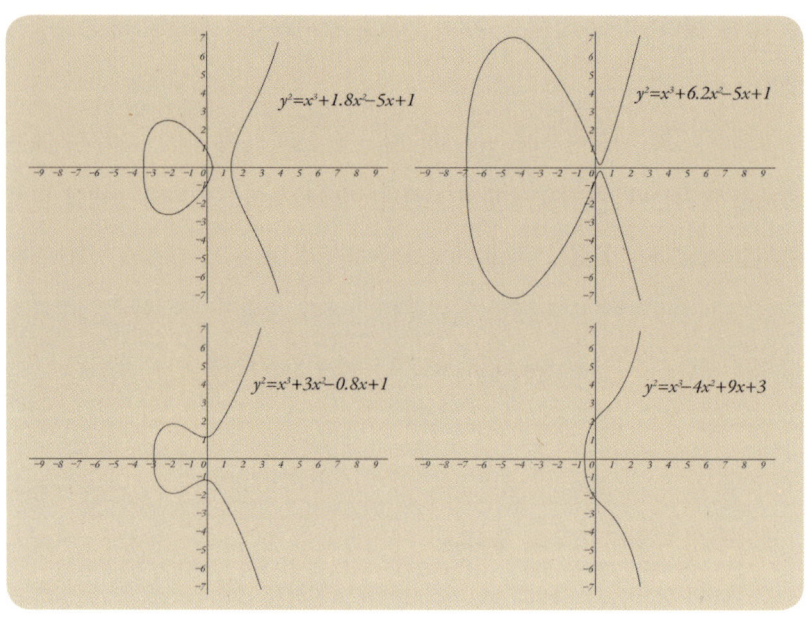

$y^2 = x^3 + ax^2 + bx + c$. 이것은 타원곡선의 방정식이다. 이 식은 계수 a, b, c를 변화시키면 무한하고 다양한 방정식을 도출해 내는 아주 특이한 성질을 갖고 있다.

여기에 1955년 도쿄국제수학자대회에서 나온 이론이 덧붙여지게 된다. 일본의 수학자 타니야마와 시무라가 과감한 추론을 내놓은 것이다. 그들의 주장은 "모든 타원 방정식을 모듈의 형태로 바꿀 수 있다"는 것이었다. 여기서 말하는 모듈이란 대칭의 성질을 연구하는 새로운 수학 영역이었다. '타니야마-시무라 추론'의 탄생은 이후 이 추론에 근거한 수백 편의 논문을 낳는 계기가 됐다. 수십 년간의 연구 성과 중에는 타원곡선을 연구하던 앤드루 와일스의 눈을 번쩍 띄게 만든 것도 있었다. 페르마의 정리가 타원곡선의 방정식과 연관성이 있다는 사실이 밝혀진 것이다. 앤드루 와일스가 학계에서 종적을 감춘 때가 바로 이 무렵이었다.

그 후 7년이 지나고 앤드루 와일스는 모교인 케임브리지대학에서 열린 학회에 드디어 모습을 드러낸다. 이 대학 내에 있는 '아이작 뉴턴 수리과학 연구소'는 국제적인 수학 연구 센터로, 가장 뜨거운 수학 이슈들이 다뤄지는 곳이다. 또한 세계적인 석학들이 모여 최첨단 문제들을 주제로 세미나를 열기도 한다. 7년 만에 모습을 보인 앤드루 와일스가 자신의 연구 결과를 발표한 장소도 이곳이다.

1993년 6월 23일 강의실에는 역사적인 순간을 목격하기 위해 수백 명의 청중이 자리를 채웠다. 강의 제목에 '페르마'를 운운하는 단어는 없었다. 그러나 무언가 엄청난 것이 있을 것이라는 뜨거운 기대감이 실내를 가득 메우고 있었다. 칠판에 빽빽하게 쓰인 난해한 수식을 이해하는 사람은 4분의 1도 되지 않았다. 지금도 '도대체 이것을 어떻게 풀었을까' 싶을 정도로 어려운 문제였으니 당연한 일이었다. 앤드루 와일스는 이 문제에 아주 독특한 방법으로 접근했다.

페르마의 마지막 정리는 $a^n + b^n \neq c^n \ (n > 2)$에서 시작한다. 그런데 와일스의 증명은 이 식을 만족시키는 자연수 a, b, c가 있다는 가정하에 시작한다. 이를 아주 간단하게 설명해 보겠다.

페르마의 정리가 틀렸다고 치자. 그렇다면 이런 방정식이 성립될 것이다.

$a^n + b^n = c^n \ (n > 2)$

이것을 변형시키면 타원곡선의 방정식이 된다.

$$y^2 = x^3 + (A^n - B^n)x^2 - A^n B$$

페르마의 마지막 정리가 타원 방정식 문제로 바뀌었다. 이것은 "모든 타원 방정식은 모듈로 전환할 수 있다"는 타니야마와 시무라의 추론과 연결된다. 당시에는 이미 다른 수학자들을 통해 다음과 같은 논리적 연결 고리가 증명돼 있었다.

"만일 페르마의 마지막 정리가 틀리다면(곧 $n > 2$일 때 $a^n + b^n = c^n$이라면), 타니야마와 시무라가 주장하는 명제는 '거짓'이다."

앤드루 와일스는 이 세미나에서 '타니야마-시무라의 추론'이 옳다는 것을 증명해 보인다. 그러므로 '페르마의 마지막 정리가 틀렸다'는 가정에서 얻은 $a^n + b^n = c^n$이란 방정식은 성립되지 않는다. 결국 그는 페르마의 마지막 정리 $a^n + b^n \neq c^n$ ($n > 2$)가 옳다는 걸 증명해 낸 것이다.

조용히 기나긴 증명을 마친 앤드루 와일스는 칠판의 끝에 아주 간단하면서도 익숙한 수식 하나를 썼다.

"이쯤에서 끝내는 것이 좋겠습니다." 이는 강의를 마친 그가 청중에게 건넨 유일한 말이었다.

우레와 같은 박수가 쏟아졌다. 작은 도서관에서 품었던 열 살 소년의 꿈이 마침내 이뤄지는 순간이었다. 다음 날 신문들은 이 소식을 대대적으로 보도했다. 수학계에서 일어난 사건이 신문의 1면을 장식하는 드문 일이 일어난 것이다.

350년 전에 한 문제가 제기되었고, 수많은 도전이 있었다. 수많은 실패를 자양분 삼아 자라나는 성공, 그것은 수학의 역사에서도 예외가 아니었다. 성공한 사람 못지않게 좌절한 사람 역시 자신이 가진 열정을 모두 수학의 제단에 봉헌했다. 수학은 그런 이들의 눈물과 희열을 먹고 자란다.

수학계의 가장 큰 수수께끼가 마침내 풀리다

이제 우리가 만날 두 번째 이야기도 꼭 그러하다. 구도자처럼 수학을 향해 온전히 자신의 삶을 헌신한 어떤 사람의 이야기다. 그것은 우리가 사는 공간과 우주에 관한 문제에서 시작된다.

세기를 넘은 수학의 미스터리, 마침내 유레카를 외치다

제6부 남겨진 문제들 | 149

책상에서 우주의 모양을 상상한 푸앵카레

2000년 미국의 사설 연구 기관인 클레이수학연구소CMI가 세계 7대 난제를 정해 '밀레니엄 현상금 문제'로 발표했다. 상금은 무려 100만 달러였다. 그런데 불과 3년 만에

'행색도 허름한' 러시아 수학자가 그중 한 문제를 풀었다. 더 놀라운 사실은 그가 상금을 거부했다는 점이다. 그 이유를 묻는 질문에 그리고리 페렐만은 이렇게 대답했다.

"내가 우주의 비밀을 쫓고 있는데 어찌 100만 달러에 연연해하겠는가?"

프랑스 파리 소재의 앙리푸앵카레연구소. 19세기 한 수학자의 이름을 딴 연구 기관이다. 앙리 푸앵카레는 페렐만이 풀었던 '푸앵카레의 추측'을 제시한 장본인이다. 현재 이 연구소 소장의 이름은 세드릭 빌라니 교수(에콜노르말리옹대학)다. 2010년 수학계의 노벨상이라 불리는 필즈상을 수상한 그 역시 아주 유명한 인물이다. 2014 서울 세계수학자대회International Congress of Mathematicians 홈페이지에는 그가 '프랑스 수학계의 패셔니스타'로 소개돼 있다. 깔끔한 정장에 리본처럼 멘 빨간 스카프 그리고 왼쪽 가슴에 달린 거미 브로치는 그의 트레이드마크이기도 하다.

풀이는커녕 문제 자체를 이해하는 것도

어렵다는 '푸앵카레의 추측'. 이 난제에 접근하려면 아무래도 이 괴짜 천재의 도움이 필요할 것 같다. 지금부터 문제를 말할 텐데, 정신을 바짝 차려야 할 것이다.

"구멍이 없고 유한한 3차원의 어떤 우주를 다른 모양으로 변형시킬 수 있지 않을까요?"

어렵다. 조금 더 쉬운 설명을 부탁해 보자.

"아주 간단한 3차원 구(球) 모양의 형태입니다. 구멍이 없고 좌표가 세 개인 그런 3차원의 구 말이죠. 이게 바로 푸앵카레의 추측에서 상상하는 우주의 모양입니다."

역시 모르겠다. 아무래도 그의 설명을 그림으로 바꿔 보는 게 빠를 것 같다.

여기 지구의 줄을 단 로켓이 우주로 나간다. 로켓이 지구로 돌아온 후 줄을 당겼을 때, 그 줄이 걸리지 않고 하나로 모인다면 우주는 구 모양일

것이다. 푸앵카레는 그렇게 추측했다. 성격이 세심한 사람들 중에는 '줄을 끌어당기는 도중에 어느 행성에 걸리면 어떡하느냐'고 묻는 이도 있다. 그렇다면 이 줄이 아주 미끄럽다고 상상해 보자. 우주에 구멍이 뚫려서 로켓이 다른 차원으로 갔다가 온 것만 아니라면 줄은 행성들을 타넘으며 당기는 지점으로 끌려올 것이다.

앙리 푸앵카레는 당대의 가장 뛰어난 수학자였다. 그는 어떤 문제는 증명 없이 바로 결론에 이르는 뛰어난 직관을 가지고 있었다. 1904년의 논문에서 제기한 푸앵카레의 추측도 증명 없이 던진 그의 질문이었다. 다시 빌라니 소장의 설명이 이어진다.

"푸앵카레는 단순히 질문을 던진 것입니다. 그리고 논문 끝에 이런 말을 남깁니다. '하지만 이 질문은 우리를 아득히 먼 곳으로 이끌 것이다'라고요."

푸앵카레의 말처럼 이 질문은 지금 발을 딛고 있는 현실에서 우리를 아

주 먼 곳으로 데리고 간다. 그는 우주의 모양이 어떻게 생겼는지 알고 싶어 했다. 그리고 그 모양을 책상 위에서 추측했다. 우리가 사는 지구에서는 당연히 우주의 모양을 볼 수 없다. 그렇다 보니 우리는 그것을 비유적으로 상상한다. 비눗방울이 그것이다. 우리 눈에 비눗방울은 둥그렇게 보인다. 그러나 사실 그것은 가끔 찌그러지고 흔들리며 끊임없이 변화한다. 그렇다면 왜 우리는 그것을 '둥글다'고 말하는 것일까? 이것이 푸앵카레의 추측을 이해할 수 있는 단서가 될 것이다.

구멍의 본질부터 이해하기

역 이름이 적혀 있는 지하철 노선도는 실제의 지형과는 다르다. 그래도 우리는 이 지도만으로 지하철을 타고 목적지까지 갈 수 있다. 별것 아니라고 생각할 수도 있다. 하지만 이런 간단한 편리함마저 우리는 한 수학자한테 신세를 지고 있다. 그가 살던 18세기로 가 보자.

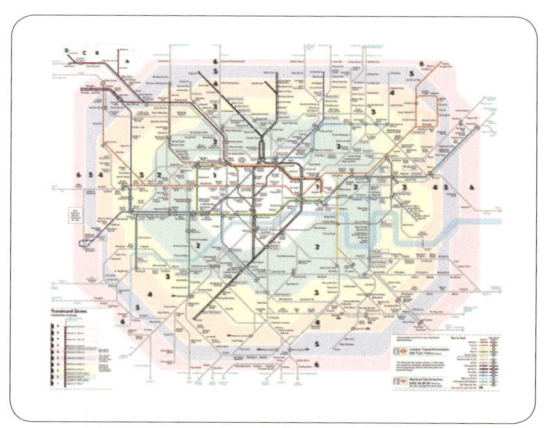

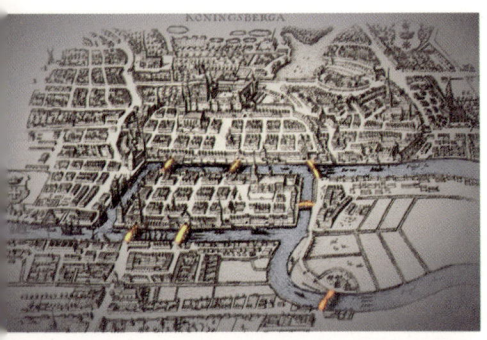

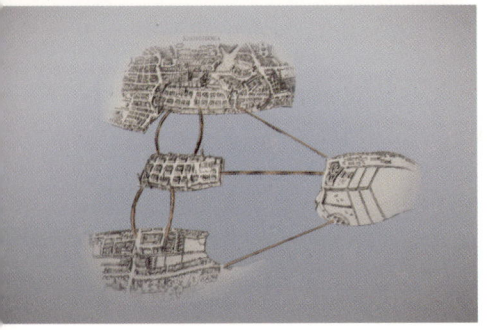

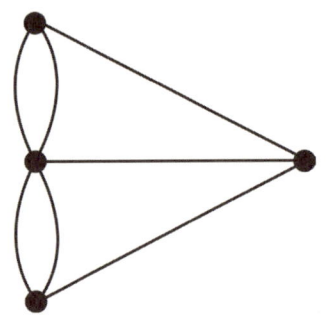

당신은 수학계의 베토벤을 기억할 것이다. 그렇다. 다시 오일러의 이야기다.

오일러는 지금 아주 유명한 수수께끼 풀이에 몰두해 있다. 문제의 출처는 러시아의 고풍스러운 도시 쾨니히스베르크(현재 지명은 칼리닌그라드)이다. 이 도시의 한가운데를 흐르는 프레골랴 강에는 7개의 다리가 있다. 이를 두고 한 시민이 수수께끼를 냈다. "한 다리를 두 번 이상 건너지 않으면서 일곱 개의 다리를 한 번에 모두 지나 출발점으로 돌아올 수 있을까?" 말하자면 한 붓 그리기 문제였다.

많은 사람이 도전했지만 아무도 이 수수께끼에 대해 확실한 답을 내놓지 못했다. 천재 수학자 오일러도 예외는 아니었다. 하지만 그는 답을 내놓지 못하는 이유만큼은 확실히 알고 있었다. '답이 없었기 때문'이다. 오일러는 어떻게 이걸 알아냈을까? 그는 우선 지도를 간략하게 만들었다. 다리는 선으로, 다리를 잇는 땅은 점으로 그렸다. 이렇게 하자 문제가 분명해졌다.

오일러는 여기서 한 붓 그리기 법칙을 찾아낸다.

"모든 점이 짝수 개의 선을 갖거나 단 두 개의 점만이 홀수 개의 선을 가져야 한다."

 그러나 쾨니히스베르크의 다리에는 각 지점(점)마다 연결된 다리(선)의 개수가 모두 홀수이다. 7개의 다리를 한 번씩만 건너면서 모든 다리를 지나 원점으로 되돌아오기란 애초부터 불가능했다는 얘기다. 오일러가 사물을 들여다보는 방식, 그것은 실제 지형과는 상관없이 점과 선으로 단순화해서 본질만을 가려내는 것이었다.

 여기에 두 개의 컵과 공 하나가 있다. 세드릭 빌라니 소장은 오일러의 눈으로 사물을 들여다보라고 조언한다. 크기가 다른 두 컵을 들고 그가 말을 잇는다.

 "물론 이 둘의 크기는 다릅니다. 하지만 본질은 같죠. 작은 컵을 변형시키면 큰 컵으로 만들 수 있죠. 반대로 큰 컵을 변형시키면 작은 컵을 만들 수 있습니다."

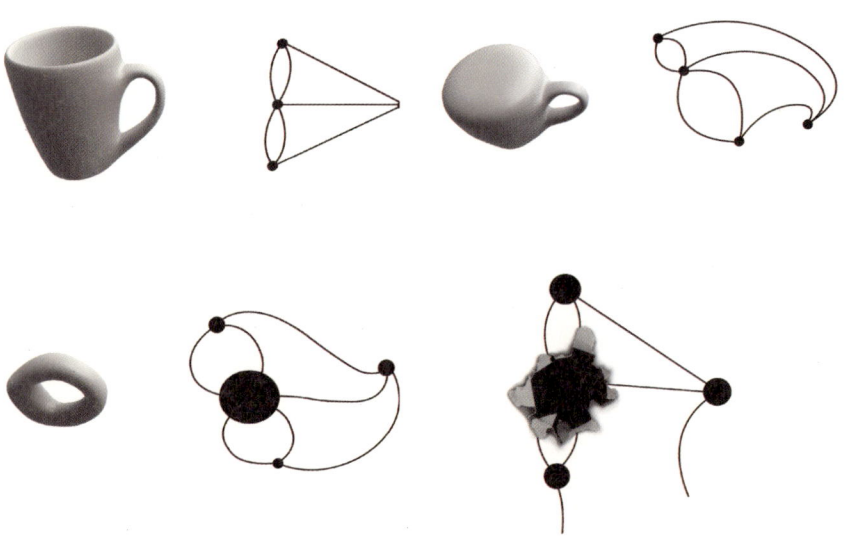

이 말은 쾨니히스베르크의 다리 문제를 떠올리게 한다.

늘리거나 줄여도 본질은 같다! 그러나 잘라 버리거나 구멍을 내면 본질은 달라진다.

빌라니 소장은 "공은 변형시켜도 절대 컵으로 만들 수 없어요"라고 말한다. "이 둘은 완전히 다른 물건입니다. 왜냐하면 컵에는 구멍이 나 있고 공은 그렇지 않기 때문이죠. 이 컵은 1000가지 모양으로 변형시킬 수 있지만, 구멍은 언제나 한 개뿐이죠. 이렇듯 공과 컵은 다른 형태인 겁니다."

이쯤에서 빌라니 소장이 처음에 설명한 푸앵카레의 추측을 다시 한 번 되새겨 보자. "구멍이 없고, 닫힌 3차원의 어떤 우주를 다른 모양의 우주로 변형시킬 수 있을까?" 우리는 오일러 덕분에 '구멍이 없다는 것'과 '다른 모양으로 변형시킨다는 것'이 무엇인지 알게 됐다. 이제는 '닫힌 차원'이 무엇인지 알아볼 차례다.

그렇다면 닫힌 차원이란 무엇인가

우리는 독특한 행동을 하는 사람을 보면서 종종 "차원이 다르다"고 말한다. 수학에서 말하는 차원의 눈으로 보면 세상은 아주 다르게 보인다. 우리는 수학적으로 수많은 차원 속에서 살고 있다. 차원이란 위치를 나타내는 숫자가 몇 개인가에 따라 정해진다.

엘리베이터를 타고 가고자 하는 층수의 숫자를 눌러 본다. 이처럼 한 개의 숫자로 위치가 정해지는 것이 바로 1차원이다. 엘리베이터는 수직의 선으로 움직일 뿐이다. 5라는 숫자를 누르면 5층으로, 6이라는 숫자는 6층으로 우리를 데려다 준다. 선 위의 모든 위치는 하나의 숫자로 나타낼 수 있다. 그래서 선은 1차원이다. 그러나 만일 엘리베이터가 원하는 층수는 물론 각 층마다 수평으로도 이동할 수 있다면? 그 때는 데카르트의 좌표 평면처럼 2차원을 운동하게 된다. 그렇게 되면 엘리베이터에는 당연히 (x, y)처럼 '(5 - 1), (5 - 2)' 방식으로 이뤄진 버튼이 있어야 한다.

우리가 살고 있는 이 지구의 표면은 2차원이다. 당신이 서 있는 곳이 독도라면 그곳의 위치는 동경 131도 북위 37도. 131과 37! 당신은 단 두 개의 숫자로 자신이 어디에 있는지 우리에게 설명할 수 있다. 만약 100개의 숫자로 정해지는 위치가 있다면? 그곳은 아마도 100차원일 것이다.

세계 지도로 표현되는 지구는 2차원의 평면으로 그려진다. 그러나 우리는 평평한 2차원이 아닌 둥근 2차원에서 살고 있다. 따라서 저 세계 지도의 끝

으로 사라진다고 해도 다시 반대쪽으로 나오게 될 것이다. 곧 지구상의 어떤 지점에서 출발하든지 간에 처음 출발한 곳으로 다시 돌아올 수 있다는 말이다.

그렇다면 혹시 다른 모양의 2차원도 있지 않을까? 당신이 탄 배가 한쪽 방향으로만 나아갔다가 반대편 방향으로 돌아왔다고 하자. 문제는 그것만으로 지구가 둥글다고 말할 수 없다는 데 있다. 만약 지구가 이렇게 생겼다면 어찌할 것인가?

도넛 모양이라도 배는 출발한 장소로 돌아올 수 있다. 하지만 지구와 구멍 뚫린 도넛은 본질부터가 다르다. 그렇다면 땅 위에 살면서 우리는 그것을 어떻게 구별할 수 있을까? 다시 배에 밧줄을 감아 보자. 출발했다가 다시 돌아와 줄을 당겼을 때 한 점으로 모이면 구이다. 반면 도넛은 그렇게 되지 않는다.

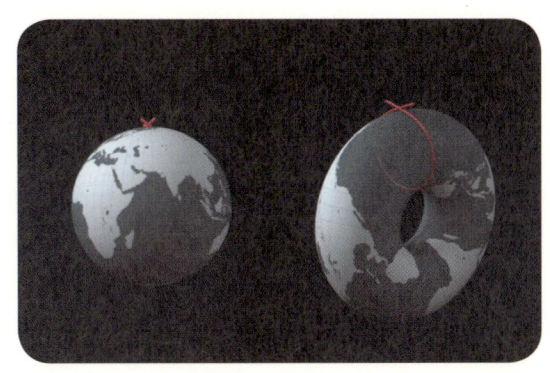

물론 우리가 조금만 더 주의를 기울인다면 도넛을 눕혀놓고 항해할 수도 있을 것이다. 이런 경우 밧줄을 회수할 수 있다. 그러나 밧줄이 도넛 구멍 위를 지나게 된다면? 우리는 지구의 모양을 상상할 수가 없을 것이다. 저 구멍 속에 어떤 세계가 펼쳐져 있는지 알 수 없기 때문이다. 이를 무시하고 밧줄을 끌어당긴다면 오일러가 쾨니히스베르크의 다리를 외면한 채 헤엄을 쳐서 강을 건너는 것과 같다. 규칙을 거스르게 되는 것이다. 푸앵카레의 추측에서 중요한 규칙은 밧줄이 물체의 표면을 거쳐야 한다는 데 있다. 그래야 그 형상의 모습을 추측할 수 있을 테니까 말이다.

앙리 푸앵카레는 미지의 세계를 알고 싶어 하는 우리의 본능을 자극했다. 그의 상상 속에서 인간은 모두가 미지의 바다 앞에 선 중세인들이었다. 그들은 바다 끝에 낭떠러지가 있다고 생각했다. 21세기를 사는 우리도 우주의 바다 끝에 무엇이 있을까를 상상한다. 지구가 둥글다는 걸 본 적이 없는 옛 사람들 중 누군가는 용감하게 배를 띄웠다. 그리고 앞으로 나아갔다. 지구가 둥글다고 합리적으로 '추론'한 사람들이 있었기 때문이다. 푸앵카레는 가 보지 않고도 우주의 모양을 추측했다. 지구의 표면은 2차원이지만 우주는 3차원이다. 이제 우리는 우주선에 줄을 달고 3차원의 우주를 향해 나아간다. 우주가 도넛의 구멍 없이 닫힌 공간이라면 우주선은 다시 지구로 돌아올 것이다. 2차원 평면인 세계 지도에서 한쪽을 향해 나아간 배가 반대쪽으로 나오는 것처럼 말이다. 우주선이 지구로 돌아왔는가. 그렇다면 그 줄을 당겨 보자. 지구 위의 한 점으로 모인다면 우주는 구멍이 없는 3차원의 구일 것이다.

'구멍이 없고 닫힌 3차원의 어떤 우주를 다른 모양의 우주로 변형시킬 수 있지 않을까?'

19세기에 푸앵카레는 우주의 지도를 그려 보았다. 어떤가? 이제는 그의 추측을 조금은 이해할 수 있지 않은가.

지독한, 그래서 더 아름다운

수학은 엄밀한 증명의 세계이다. 증명하지 못한다면 푸앵카레의 추측은 추론에 불과할 뿐이다. 추론이 증명으로 올라선 것은 2003년 4월의 일이었다. 러시아 수학자 그리고리 페렐만의 강의를 듣기 위해 모인 사람들로 MIT 공대의 강당은 대만원을 이뤘다.

긴 머리와 긴 수염, 다듬지 않은 긴 손톱의 페렐만이 낡은 회색 수트와 스니커즈 차림으로 등장했다. 이 수줍은 은둔자는 별다른 인사치레 없이 떨리는 음성으로 강의를 시작했다. 수학사상 가장 어려운 문제 중 하나라는 푸앵카레의 추측, 페렐만은 이것을 생후 20년밖에 안 된 리치 흐름방정식을 이용해 증명해 보였다. 이 강의가 있기 바로 전해 가을에 그는 관련 논문을 인터넷 웹사이트에 올려 놓기도 했다. 그의 이런 행동은 일반적인 상식을 깨는 것이었다.

    결국 성황리에 강의를 끝낸 뒤 페렐만은 푸앵카레의 추측을 해결한 수학자로 기록된다. 그동안 많은 사람이 이것을 증명했다고 선포했다가 여러 번 철회했다. 처음에는 반신반의하던 수학자들은 이내 열광했고, 또 누군가는 낙담했다. 위상기하학자 존 모건 박사의 말처럼 푸앵카레의 추측에 매달려 온 수학자들은 "증명이 끝난 것에 낙담했고, 더 나아가서 증명을 이해하지 못해 낙담했다." 앤드루 와일스의 경우에도 그랬듯이 페렐만의 논문을 검토하는 데도 6명의 수학자가 뛰어들어야 했다. 그만큼 난해하고 복잡한 세계였다.

    상식을 깬 페렐만의 행동은 논문 공개에서 그치지 않았다. 그는 이 역사적인 업적 이후 언론사의 모든 인터뷰를 거절했다. 최고 대학의 임용도, 100만 달러의 상금도 마다한 채 홀연히 고향 상트페테르부르크로 돌아갔다. 더욱이 국제수학연맹IMU이 4년마다 한 번씩 수여하는 영예의 필즈상 수상마저 거부했다. 2006년 당시 연맹 총재였던 존 볼 박사가 기울인 노력도 허사였다. 러시아까지 날아가 이틀 동안 설득했음에도 페렐만은 조용히

고개만 저었다. 페렐만은 지금도 수학계의 공식적인 직위를 갖지 않은 채 취미인 버섯따기를 즐기며 살고 있다. 어떤 이들은 그의 행적을 이해하고 어떤 이들은 마뜩잖아 한다. 앙리푸앵카레연구소의 세드릭 빌라니 소장은 전자의 경우인가 보다.

"높은 지위나 계급을 거부하는 사람이 종종 있잖아요. 사상적, 철학적 또는 윤리적 이유 때문에 말이죠. 눈여겨볼 것은 그런 것이 아닙니다. 특별한 것은 페렐만이 고독 속에서 7여 년의 연구 끝에 해답을 도출해 냈다는 그 사실이죠. 그 누구보다도 멀리 봤죠. 이것이 바로 진정한 기적이고, 우리가 받아들여야 할 점입니다."

그리고리 페렐만과 앤드루 와일스, 그들에게는 공통점이 있다. 우선 세기를 거쳐 온 난제들을 해결했다는 점을 꼽을 수 있다. 두 사람 모두 7년여의 연구 끝에 문제를 해결했다. 그리고 난해한 문제였던 만큼 논문 심사에 학자들이 6명씩이나 참여해야 했다는 점도 같다. 그러나 이것은 겉으로 드러난 공통점일 뿐이다. 그들이 증명에 이르기까지 감내해야 했던 고독과 두려움 그리고 진리에 다가섰을 때의 환희……. 그것이 그들의 가장 큰 공통분모가 아니었을까!

사람들은 흔히 성공하기 위해 열심히 일한다고 말한다. 그러나 흔치 않은 몇몇 사람은 즐거움에 몰두하다가 성공에 이르기도 한다. 페르마의 마지막 정리와 푸앵카레의 추측 등 수학사의 악몽 같았던 난제들을 해결한 이들은 아무런 보장 없이 세계의 끝을 향해 나아갔다. 그 자취가 기억에서 멀어져 갈 때쯤, 그들은 새로운 지성의 횃불을 들고 세상의 반대편에서 나타났다.

페르마의 정리를 증명한 와일스의 첫 번째 강연은 실패였다. 논리상의 치명적인 오류가 드러났기 때문이다. 잠깐의 영광, 그 뒤로 오류를 수정하기 위한 지옥 같은 1년이 이어졌다. 작은 허점이라 여겼던 문제의 실체는 너무나 크고 완고한 벽이었다. 마침내 대외적으로 증명 실패를 선언할 즈음 와일스는 기적처럼 해법을 찾아냈다. BBC 다큐멘터리에서 그 순간을 회고하던 그의 음성은 내내 떨리고 있었다.

"9월 초에 저는 집의 다락방 책상에 앉아 있었습니다. 그런데 갑자기 전혀 믿을 수 없는 발상이 떠올랐어요. 수학자로 살아오면서 그 때와 같은 순간은 없었습니다. 가장 중요한 순간이었죠. 절대로…… 그런 순간은 다시 오지 않을 겁니다."

수학은 숱한 천재들의 에너지를 극한까지 소모시킨 후라야 어떤 세계를 열어 보이는 걸까. 하지만 그곳은 그만큼 엄정한 아름다움이 존재하는 세계일 것이다. 어쩌면 새로운 창조 속으로 수렴되는 세계일지도 모르겠다. 새로운 문명 뒤에는 언제나 수학이 존재했기 때문이다. 우리가 미지의 세계로 나아가는 한 이 역사는 되풀이될 것이다.

아직도 수학에는 남겨진 문제들이 존재하고, 끊임없이 새로운 문제가 만들어지고 있으니 말이다.

부록

다시
생각해 보기

앞에서 수학과 문명의 상관 관계를
직관적으로 이해했다면
이번 '부록'에서는 좀 더 깊게,
미처 짚고 넘어가지 못했던 부분들을
살펴보기로 하자.

제1부
수의 시작

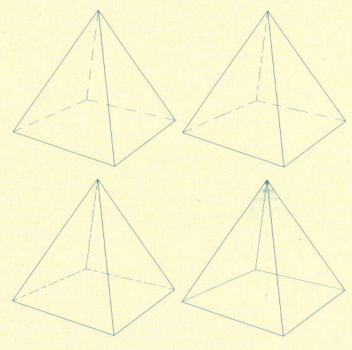

1. 수학이 파라오의 시녀였다고?

메소포타미아, 인더스, 황하와 더불어 세계 4대 문명의 발상지 가운데 한 곳이 바로 나일 강이다. 이 강을 젖줄로 탄생한 고대 왕국 이집트는 지금까지 우리 곁에서 살아 숨 쉬고 있다.

이집트 사하라 지역에 구석기 인류가 출현한 시기는 30만 년 전이었다. 이 지역에서 약 4만 년 전부터 시작된 사막화를 피해 이주해 온 사람들은 기원전 5200년경 카이로 북서쪽에서 신석기 문화를 창조했다. 메네스 왕에 의해 이집트 최초의 통일 왕조(제1왕조)가 들어선 이후 기원전 2649년경부터 제3왕조의 등장과 더불어 고왕국 시대가 시작됐다. 거대 피라미드로 대변되며 본격적으로 파라오의, 파라오를 위한, 파라오에 의한 문화를 꽃피운 시기였다. 고왕국 시대부터 제1중간기-중왕국 시대-제2중간기-신왕국 시대-제3중간기-말기 왕조 시대를 거쳐 마지막 프톨레마이오스 왕조에 이르기까지 이집트는 3600여 년을 파라오의 왕국으로 존속했다. 비록 이민족의 침략과 지배가 있었지만 파라오의 왕정이 수천 년 동안 이어져 왔다는 것은 근동의 메소포타미아를 비롯한 여타 문명들과는 다른 특징이다. 도시국가로 출발한 메소포타미아 문명은 개방적인 지형 탓에 여러 이민족의 침입으로 말미암아 왕조 교체가 이뤄졌다. 그런 면에서 사하라 사막으로 가로막힌 이집트의 폐쇄적 지형은 천혜의 방패였다고 말할 수 있다.

이집트 문명은 서로 상반된 가치가 공존하는 지대이기도 했다. 미라, 사자의 서에서 알 수 있듯 사후의 불멸을 향한 왕족과 지배 계층의 염원은 뜨거웠다. 현실에서도 내세를 거닐고 있을 만큼 그들의 삶과 죽음은 분리되지 않았다. 사람 수만큼이나 많았다는 신들의 세계 역시 그저 허황된 신화의 영역으로 치부하지 않았다. 그것은 정치, 종교, 예술과 사회 제도를 관통하며 인간의 삶을 규정했다.

여전히 웅장한 자태로 서서 옛 시절의 영광을 되새기는 피라미드와 카르나크 신전의 열주(列柱), 화려한 색감을 자랑하는 벽화와 파피루스 문서들은 이집트 왕국을 인류 문명의 최초 발흥지인 메소포타미아보다 대중에게 더 깊이 각인시켜 준다. 그 찬란한 문화 유산은 지금까지도 여전히 어떤 핵심을 향한 빛나는 이정표로 서 있다. 그 핵심이란 현세에서 신과 불멸을 대변하는 절대의 인간, 바로 파라오다. 미술사학자 H. W. 잰슨의 말처럼 고대 이집트인들에게 파라오란 그저 '강력한 권력을 지닌 군주' 이상의 의미를 지녔다.

"파라오는 그것(일반적인 왕의 신분)을 모두 초월했다. 왜냐하면 그의 왕 신분은 초인간적인 것에 근원을 둔 의무나 특권이 아니라 절대적이고 신성한 것이었기 때문이다. 그의 신분이 아무리 불합리하게 보일지라도, 그것이 실제로는 정치적 혼란기에 아무리 무능한 것이었다고 해도 왕의 신분은 이집트 문명에 있어 가장 중요한 특징으로 존속했다."

한 사회를 작동시키는 모든 요소가 파라오를 향해 있을 때, 과연 학문이라고 해서 예외였을까? 이집트의 학문, 특히 수학은 파라오가 '지배하는' 영역에 속했다. 비록 현대인의 눈으로 보면 그저 측량과 계산의 도구로 보일지는 몰라도, 어쨌든 수를 다루는 기술이 파라오의 위엄을 높이고 지배계층의 위세를 공고히 하는 데 핵심적 역할을 한 것은 분명하다. 백성의 삶을 안정되게 유지시키는 것이야말로 지배 권력의 안녕과 직결된다는 사실은 고금을 막론하고 변함없는 사실이다.

2. 고대인들의 계산법

이집트 외의 고대 국가에서 쓰인 숫자를 보면 '4'를 뜻하는 기호까지는 대체로 나무 막대 수대로 나열한 듯한 모습이다. 조금 독특하다면 그리스의 경우인데, 숫자라기보다는 알파(α), 베타(β), 감마(γ)…… 같은 문자를 수로 대신하고 있다. 2 - 1을 $\beta - \alpha$로 표현한다는 얘기인데, 지금의 우리로서는 쉽게 와 닿지 않는다. 로마 숫자도 사정은 마찬가지다. 다음에 나온 표를 보면서 한번 CCCCLXXXVI에서 CCXXXV을 빼보도록 하자.

답은 CCLI이다. 486 - 235 = 251보다 쉽게 느껴지는가?

고대 문명 가운데 독특하게 60진법을 썼던 메소포타미아 문명은 기원전 2000년 전에 이미 자릿수의 개념(위치기수법)을 발명한 것으로 알려져 있

I	1	X	10	XX	20	XXX	30	C	100
II	2	XI	11	XXI	21	XXXX	40	CC	200
III	3	XII	12	XXII	22	(=XL 40)		CCC	300
IIII	4	XIII	13	XXIII	23	L	50	CCCC	400
(=IV 4)		XIV	14	XXIV	24	LI	51	(=CD 400)	
V	5	XV	15	XXV	25	LII	52	D	500
VI	6	XVI	16	XXVI	26	……		DC	600
VII	7	XVII	17	XXVII	27	……		DCC	700
VIII	8	XVIII	18	XXVIII	28	LX	60	DCCC	800
IX	9	XIX	19	XXIX	29	LXX	70	DCCCC	900
						LXXX	80	(=CM 900)	
						LXXXX	90	M	1000
						(=XC 90)			

다. 인도인들이 발명한 '0'이라는 숫자만큼 심오하고 정밀하지는 않았지만, 그래도 마야 문명과 더불어 원시적인 0의 기능을 하는 기호를 사용한 점이 남다르다. 예를 들어 인도 숫자 2013에서 0이 100의 자릿수를 표시하는 기호인 것처럼 그들도 그런 표시를 할 수 있었다는 얘기다. 자릿수의 개념이 왜 중요한지는 옆쪽에 예로 든 이집트 덧셈 방식을 보면 쉽게 이해할 수 있을 것이다.

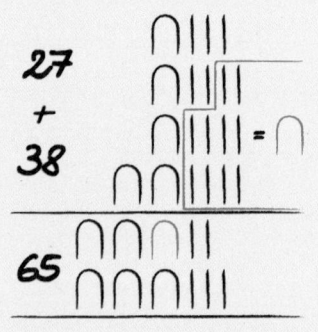

우리는 27 + 38에서 뒷자리의 7과 8을 더한 수 15에서 5를 남기고, 1을 앞자리의 수 2 + 3에 더하는 방식으로 계산한다. 여기서 우리는 그 1과 2와 3이

사실은 10단위의 10, 20, 30임을 알고 있다. 자릿수 개념이 확실하기 때문이다. 그에 비해 앞에 나온 이집트인들의 산술 과정을 보면 1의 자리는 1의 자리끼리, 10의 자리는 10의 자리끼리 따로 연산한 다음 정리를 한다. 자릿수 개념이 있는 것과 없는 것, 어느 방식이 연산 속도를 높일지 분명해 보인다. 여기서 조금 더 깊이 들여다볼까.

1, 3, 5, 7, 9, 11……

자연수에서 홀수로 이뤄진 등차수열이다. 이 수열의 패턴은 '$2n - 1(n>0)$'이라고 간단히 정의할 수 있다. 이 때 열세 번째와 열다섯 번째의 수를 찾아서 합을 구해 보자. 굳이 저 수열에서 열다섯 번째 숫자까지 일일이 헤아릴 필요가 있을까. 앞의 수식에 $n = 13$, $n = 15$를 대입하면 간단히 25와 29를 찾을 수 있는데 말이다! 답은 25 + 29 = 54이다.

추상화란 현실의 사물들, 곧 돌멩이 하나, 돌멩이 셋, 돌멩이 다섯, 돌멩이 일곱……의 형상 속에서 '$2n - 1(n>0)$'이라는 패턴을 찾는 일이다. 그것이 하나 하나 높은 단계로 도약할 때마다 우리 문명은 가히 혁명적으로 진일보를 이루어 왔다.

제2부

원론

1. 탈레스의 피라미드 높이 재는 법

일찍이 아리스토텔레스에 의해 '철학의 아버지'라 불린 탈레스. 그는 상인(商人)으로 시작해 훗날 서양 철학의 시조로까지 당당하게 자리매김한 인물이다. 그가 활동하던 때인 기원전 6세기는 그리스 학문의 여명기에 해당한다. 그러나 그에 대한 역사적 사실을 증명할 만한 자료는 현재 거의 남아 있지 않다. 흔히 탈레스의 5가지 정리로 알려진 것들, 이를테면 "원은 지름으로 이등분된다"거나 "두 직선이 만나 이루는 맞꼭지각은 서로 같다"는 명제를 그가 실제로 증명해 보였는지 알 수 없다. 다만, 전해 내려오는 탈레스의 일화 속에서 우리가 유추할 수 있는 것이 있다. 그것은 명증한 논리에 의해 사물의 원리를 규명하려는 '증명'의 태도이다. 피라미드에 얽힌 그의 일화도 증명의 태도를 보여 주는 에피소드이다.

탈레스는 파라오 아마시스에게 "직접 재지 않고도 피라미드의 높이를 알아낼 수 있습니다"라고 자신감에 넘쳐 말했다. 그는 태양이 만들어 내는 그림자가 사물 각각의 키와 똑같아지는 시각에 이르자 쥐고 있던 지팡이를 피라미드 그림자의 끝에 수직으로 꽂았다.

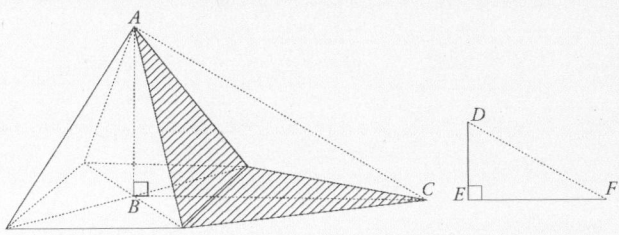

'피라미드의 꼭짓점을 A라 하고, 정사각형 바닥면의 중심을 B라고 하면 $\overline{AB}$는 피라미드의 높이다.'

탈레스의 목적은 바로 $\overline{AB}$의 길이를 구하는 것이었다. 그런데 어떻게? 답은 '비례의 원리'를 이용하는 데 있다. 피라미드 높이와 그가 바닥에 꽂은 지팡이($\overline{DE}$) 간의 비례를 각각의 그림자 길이에 적용하면 굳이 피라미드를 뚫고 들어가 바닥의 정중앙에서 천장 꼭짓점까지 수직 구멍을 내는 험난한 공사를 벌이지 않고도 $\overline{AB}$의 길이를 잴 수 있다. 현대인이라면 아마도 이를 간단한 수식으로 나타낼 수 있을 것이다.

$$\overline{AB} : \overline{DE} = \overline{BC} : \overline{EF}, \quad \frac{\overline{AB}}{\overline{DE}} = \frac{\overline{BC}}{\overline{EF}}$$

$$\overline{AB} = \frac{\overline{BC}}{\overline{EF}} \times \overline{DE}$$

그러나 당시에는 지금과 같은 연산 방식이 없으므로 달리 생각해야 했다. 탈레스의 머릿속에는 피라미드도 지팡이도 없다. 그가 바라본 것은 2개의 순수한 닮은꼴 직각이등변 삼각형 △ABC와 △DEF뿐이었다. 지금은 모든 사물이 제 그림자와 똑같은 키를 가진 시각이므로 지팡이의 길이와 그림자의 길이는 정확히 1 : 1의 비례가 된다. 피라미드 높이 $\overline{AB}$ 역시 B에서 C까지의 거리와 1 : 1이 된다. $\overline{BC}$를 구하는 것은 그리 어렵지 않다. 피라미드 바닥은 정사각형이므로 바깥에서 한 변의 길이를 측정해 반값을 구하면 중심(B)에서 한 변에 이르는 거리가 된다. 여기에 피라미드 바깥의 그림자 길이를 재서 더하면 $\overline{BC}$의 거리를 알 수 있다. 이것은 그가 찾고자 하는 가상의 지팡이 $\overline{AB}$와 1 : 1의 비례를 이루는 그림자의 길이가 된다. 마침내 문제가 풀렸다.

이 결과를 보고받은 파라오의 반응이 어땠을까? 전하는 말에 따르면 그가 이 문제를 해결한 밀레투스의 탈레스를 크게 칭찬해 마지않았다고 한다.

2. 피타고라스의 정리

$3^2 + 4^2 = 5^2$과 같은 수의 조합은 많다. 이집트나 바빌로니아 사람들은 수 자체에 대해서는 많이 알고 있었다. 그러나 증명하는 데 이르지는 못했다. 그것은 피타고라스의 몫이었다. 과연 그는 어떤 방식으로 증명했을까? 피타고라스 정리의 증명법은 370개에 달할 정도로 많다. 널리 알려진 유클리드의 방식은 그리스 수학의 연역 체계가 좀 더 발달한 후에 나온 것이다. 여기에서는 가장 기초적인 기하학적 증명을 '피타고라스에 의한' 피타고라스 정리의 증명법으로 소개하려고 한다. 피타고라스라면 아마 이렇게 설명하지 않았을까?

"그건 $\alpha^2 + \beta^2 = \gamma^2$일세." 피타고라스는 모래 위에 쓱쓱 정사각형을 그리면서 이렇게 말했을 것이다.

"이걸 보게나. 이 큰 정사각형의 가로와 세로를 각각 α와 β로 분할해 보세. 그럼 변의 길이가 α인 정사각형 하나, β인 정사각형 하나가 만들어지고 각각의 면적은 α^2, β^2이 된다네. 나머지 빗금 친 부분은 두 변을 α와 β로 하는 직사각형들이지. 물론 두 개의 직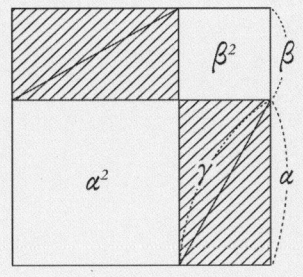사각형은 변의 길이가 같으니까 당연히 똑같은 직사각형이겠지. 따라서 각각의 직사각형에 대각선을 그어 만들어지는 네 개의 직각 삼각형도 세 변의 길이가 같으므로 똑같은 삼각형이 될 테고. 자, 이번에는 큰 정사각형 안에 저 네 개의 직각 삼각형만 남겨 볼까?"

"어떤가? 이렇게 배치해 보니 직각 삼각형의 빗변 감마(γ)를 한 변으로 하는 또 하나의 정사각형이 만들어지지 않았나. 이제 앞뒤의 그림에서 네 개의 삼각형을 모두 뺀 채 생각해 보자고. 면적이 α^2, β^2인 정사각형의 합과 뒤에 나온 정사각형 면적 γ^2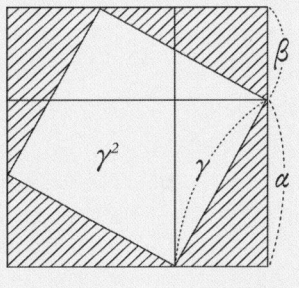이 같다는 결론이 나온다네. 곧 $\alpha^2 + \beta^2 = \gamma^2$이 된다는 말일세. 이것이 바로 우리가 바빌로니아에서 본 숫자의 조합들이 만들어지는 원리일세. 이제 이해가 되었는가."

3. 보이지 않지만 세상을 구성하는 수

피타고라스의 시대에 많은 철학자는 만물의 근원이 무엇인지 밝히고 싶어 했다. 밀레토스 학파를 창시한 탈레스는 그 근원을 '물'에서 찾았다. 그의 제자들인 아낙시메네스와 아낙시만드로스는 각자 '공기'와 '제1의 실체'라는 답을 내놓았다. 에페소스의 헤라클레이토스처럼 '불'이라고 말한 이도 있었는데, 이오니아 철학을 아테네에 소개한 아낙사고라스는 '종자(種子)'론을 펼치기도 했다(모든 만물이 각자 자신의 본질을 규정하는 씨앗을 품고 있다는 견해이다). 바라보는 관점에 따라 다양한 답이 쏟아졌지만, 주장들 대부분은 세계의 근원을 주로 물질에 두는 경향을 보였다. 이 점에서 "만물의 근원은 수이다"라고 역설한 피타고라스의 발언은 그리스 사회에 상당한 파장을 불러일으켰을 것으로 예상된다.

수를 만물의 중심 원리로 파악하는 과정에서 때로는 관념화된 표현이 등장하기도 했다. 숫자에 고유한 성격을 부여하며 이름을 붙인 것이다. 피타고라스 학파에게 1은 '모든 수의 근원이 되는 수'로 존중을 받았다. 2가 '여성이자 의견의 불화'를 나타낸 수로 인식된 반면, 3은 긍정적인 의미를 지닌 '남성이자 의견 일치'의 수로 인식됐다. 이런 호칭은 4를 '평등·정의·공정함'의 수, 5는 남성과 여성이 합해진(3 + 2) '결혼의 수'라는 식으로 이어지다가 마침내 10에 이르러 가장 '신성한 수'에 도달한다. 10은 물질 세계의 모든 차원을 규정하는 1, 2, 3, 4의 합으로 이뤄진 수였기 때문이다. 점 1개는 차원을 생성시키고 점 2개는 1차원 직선을 만들어 낸다. 우리는 점 3개로 2차원의 삼각형, 점 4개로는 3차원의 사면체를 만들 수도 있다. 1 + 2 + 3 + 4 = 10은 그들이 생각할 수 있는 모든 차원을 아우를 수 있는 가장 우주적인 수였다.

이렇듯 다소 미신적인 수 관념은 시간이 갈수록 좀 더 '산술'적인 측면을 아우르며 완전수, 과잉수, 부족수 같은 개념으로 확장된다. 그들은 자기 자신을 제외하고 1을 포함한 약수의 합이 자신과 같으면 완전수, 많으면 과잉수(또는 초월수), 적으면 부족수로 나눴다. 최초의 완전수는 6으로, 약수 1, 2, 3, 6에서 자기 자신을 제외한 나머지의 합(1 + 2 + 3)은 자기 자신과 같다. 이외에도 28, 496, 8128 등의 완전수가 있는데, 오늘날에도 컴퓨터를 이용한 완전수 찾기는 여전히 진행되고 있다. 8이 부족수인 이유는 자기 자신을 제외한 약수의 합(1 + 2 + 4)이 자기 자신보다 적기 때문이며, 12처럼 넘치는 경우(1 + 2 + 3 + 4 + 6)는 과잉수가 된다. 수 자체의 성질에 입각해 개념을 규정하려는 태도는 앞서 말한 '여성의 수'니 '결혼의 수'니 하는 식의 관념적 접근과는 사뭇 다른 차이를 보여 준다.

피타고라스 학파가 펼쳐 보인 세계를 이야기할 때 우리는 당시의 수 개념이 오늘날처럼 추상화된 기호와는 차이가 있다는 점을 이해해야 한다. 그리스의 기수법에서 아라비아 숫자 3에 해당하는 것은 '감마(γ)'다. 그러나 나무 세 그루 앞에서 '3'을 떠올리는 현대인과 달리 그들은 'γ'가 아닌 세 개의 '점'이나 '입자'를 상상했다. 그리스인들의 도형수(圖形數)를 들여다보면 이해하기가 쉬울 것이다.

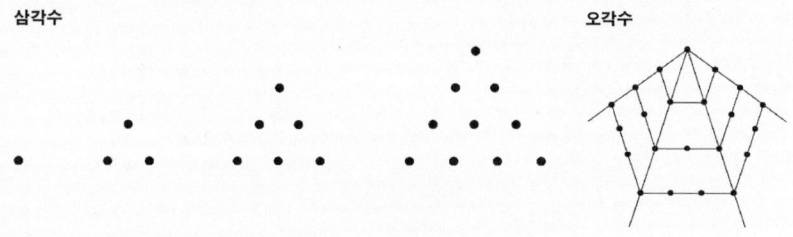

삼각수   **오각수**

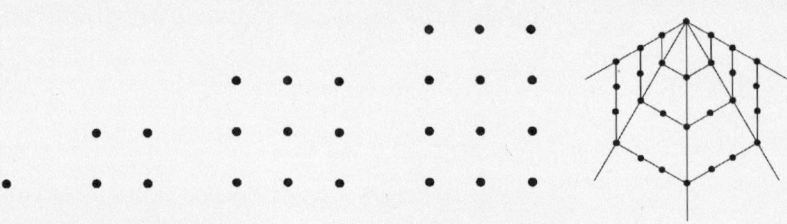

삼각수는 정삼각형을, 사각수는 정사각형을 이루는 데 필요한 점(또는 입자)의 개수다(오각수, 육각수도 마찬가지다). 삼각수와 사각수를 비교해 보면 전자는 '1, 3, 6, 10, 15……'라는 수열을 만들고, 후자는 '1, 4, 9, 16, 25……'라는 수열을 만든다는 것을 알 수 있다. 두 수 사이의 관계를 이해하는 현대인의 방식은 이렇다.

1   3   6   10   15   21……
1   4(1 + 3) 9(3 + 6) 16(6 + 10) 25(10 + 15) 36(15 + 21)……

연이은 삼각수 둘을 더하면 사각수 하나가 생성된다는 원리다. 이것을 피타고라스 학파의 눈으로 봤다면 어땠을까?

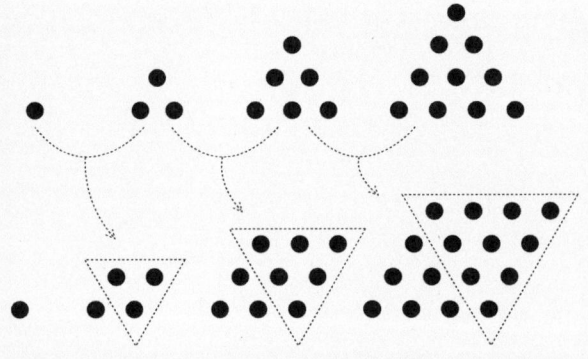

연이은 삼각수 둘을 더하면 평행사변형 꼴의 사각수가 만들어진다. 원리는 같지만 추상의 방식이 오늘날과는 다르다. 도형수는 피타고라스 학파가 수를 마치 원자처럼 사물의 원형질로 여겼다는 증거다. 우리가 앞서 살펴본 수에 대한 신비적이고 관념적인 태도와 이처럼 물질적(원자론적)인 사유가 보여 주는 대비는 피타고라스 수학의 특성을 잘 대변해 준다. 미국의 저명한 천체물리학자이자 과학 대중화에 기여하고 있는 마리오 리비오 박사의 말이 그것을 명확하게 집어 줄 듯하다.

"(피타고라스 학파에게는) 지구 같은 물리적 대상에서 정의(正義) 같은 추상적 개념에 이르는 세상 만물이 모두 수였다."

4. 7음계의 비밀

피타고라스는 가장 이상적인 음을 내는 현의 비율이 베타(β)와 감마(γ), 곧 2:3임을 알게 되었다. 그는 여성의 수와 남성의 수가 이루는 비인 $2:3=\frac{2}{3}$를 완전 5도라고 불렀다. 또 하나의 조화로운 비율로 감마(γ)와 델타(δ)로 이뤄지는 완전 4도 음정($3:4=\frac{3}{4}$)도 있었다. 피타고라스는 연구 결과를 토대로 길이가 1(기본음)인 현과 그보다 한 옥타브 높은 음을 내는 $\frac{1}{2}$ 비율의 현 사이에 음의 높이에 따라 $\frac{3}{4}$, $\frac{2}{3}$의 순서대로 현을 배치했다. 그리고 나서 '완전 5도인 $\frac{2}{3}$의 $\frac{2}{3}$도 조화로운 소리를 낼 수 있다'는 사실에 착안해 1, $\frac{3}{4}$, $\frac{2}{3}$, $\frac{1}{2}$의 사이를 채워 나갔다.

"$\frac{2}{3}$의 $\frac{2}{3}$는 $\frac{4}{9}$이다. 그런데 왠지 너무 높게 들리는데? 현의 길이를 두 배로 늘이면 한 옥타브가 낮아질 테니 한번 $\frac{4}{9} \times 2 = \frac{8}{9}$로 해 보자. 오! 이건

잘 어울리는군."

이런 식으로 피타고라스는 여러 음정을 한 옥타브 내에 배치되도록 현 길이의 비율을 조정함으로써 질서 정연한 음계를 만들어 냈다. 이것이 피타고라스의 7음계이다. 낮은 음에서 높은 음의 순서로 나열하면 아래와 같은 조합이 된다.

1, $\frac{8}{9}$, $\frac{64}{81}$, $\frac{3}{4}$, $\frac{2}{3}$, $\frac{16}{27}$, $\frac{128}{243}$, $\frac{1}{2}$

여기에서 $\frac{8}{9}$은 $\frac{2}{3} \times \frac{2}{3} \times 2$, $\frac{64}{81}$는 $\frac{8}{9} \times \frac{2}{3} \times \frac{2}{3} \times 2$, $\frac{16}{27}$은 $\frac{8}{9} \times \frac{2}{3}$, $\frac{128}{243}$은 $\frac{64}{81} \times \frac{2}{3}$라는 원리에 따라 만들어진 것이다. 이제는 소리를 들어봐야 할 차례다. "도, 레, 미, 파, 솔, 라, 시, 도……." 자연은 피타고라스 앞에서 자신의 비밀을 7개의 소리로 열어 보인다.

피타고라스 학파가 달, 수성, 금성, 태양, 화성, 목성, 토성이 지구와 이루는 관계가 7음계와 같은 원리로 이뤄졌다고 생각한 것은 당연했다. 그 별들이 지구 주위에서 원 운동을 할 때 생기는 궤적의 반지름이 '그들이 보기에는' 피타고라스 7음계와 정확히 같은 비율이었기 때문이다.

5. 무리수 비껴 가기

플라톤의 대화편 『테아이테토스』에 보면 $\sqrt{2}$의 무리수 성질이 테오도루스와 그의 제자 테아이테토스를 거치며 더욱 분명하게 증명되는 것으로 나와 있다. 이들을 거쳐 유클리드 시대에 이르면 마침내 완전한 증명이 이뤄진다. 그러나 그리스인들은 무리수를 기하학 속으로 끌어들이고 싶어 하지 않았다. 기하의 도형에서 발견된 무리수, 그 난관을 비껴 가는 해법 역시 기하학 안에 있었다. 유클리드가 자와 컴퍼스만으로 $x^2 = ab$의 미지수 값을 구한 방식을 들여다보자.

먼저 알파와 감마를 두 점으로 하는 선분 $\overline{AC}$를 그린 후 선분을 이등분하는 중점(O) 그리고 $\overline{AO}$ 사이에 점 B를 찍는다. 다음으로는 $\overline{OC}$를 반지름으로 하는 반원을 그리고 점 B에서 반원에 이르는 수직선을 긋는다. 작도를 마친 유클리드가 말한다.

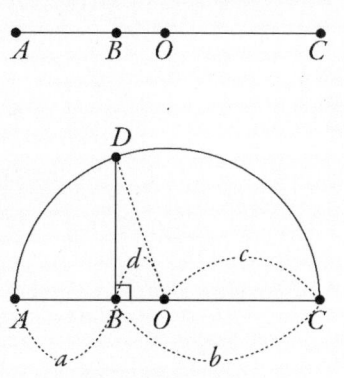

"자, 이 그림처럼 각각의 거리를 a, b, c, d로 놓고 $x^2 = ab$의 해를 구해 보세. 여기서 $\overline{AO} = \overline{OC} = \overline{OD}$는 반지름 c가 되겠지. 이제 피타고라스 정리를 이용하면 직각 삼각형 ODB에서 다음과 같은 등식을 얻을 수 있네.

$$\overline{OD}^2 = \overline{BO}^2 + \overline{DB}^2$$

이것은 곧 $c^2 = d^2 + \overline{DB}^2$이고, 다시 $\overline{DB}^2 = c^2 - d^2$이 되지. 자네는 이미 $c^2 - d^2 = (c+d)(c-d)$라는 인수분해 공식을 알고 있지 않나. 가만히 들여다보게. $c+d$는 반지름 $\overline{OC}$와 선분 $\overline{BO}$를 더한 거리가 되네. 곧 $\overline{BC}$의 거리 b이지. $c-d$는 반지름 $\overline{AO}$에서 $\overline{BO}$를 뺀 것이니 선분 $\overline{AB}$, 곧 a가 된다는 말일세. 이로써 우리는 $c+d=b$, $c-d=a$가 됨을 알 수 있네. 여기에서 $\overline{DB}^2 = c^2 - d^2 = (c+d)(c-d) = ba = ab$이므로 $\overline{DB}^2 = ab$가 되지. $\overline{DB}^2$이나 x^2

이 모두 ab와 같으니까 $x^2 = \overline{DB}^2$이 되겠지? 따라서 우리가 찾는 x는 $\overline{DB}$일세."

만일 저기서 $a = 1$, $b = 3$이라는 '숫자'가 주어졌다면 어땠을까? $x^2 = 3$이므로 $x = \sqrt{3}$이라는 답을 피할 수가 없다. 기하학에서 선이나 도형은 점이 연속적으로 모여 생긴 '양(量)'으로 파악된다. 그들이 택한 방식은 점, 선, 면, 입체만을 써서, 다시 말해 '수'가 아닌 '양'적 선분이나 도형으로써 답하는 것이었다. 그들은 $a:c = b:x$의 비례를 만족시키는 x값을 현대인처럼 대수적인 측면으로 생각하지 않았다. 곧 $\dfrac{a}{c} = \dfrac{b}{x}$, $ax = bc$라는 방정식의 해를 구한 것이 아니라 "두 변이 a와 x인 사각형의 면적(ax)과 b, c인 사각형의 면적(bc)이 같다"는 전제를 만족시키는 '선분' x를 구한 것이다.

이런 태도는 그리스에서 기하학이 더욱 발전하게 된 원인이지만, 한편으로는 그리스 수학의 한계를 불러온 것도 사실이다. 숫자로 하는 계산을 빠뜨린 기하학은 상업, 공학, 금융 등에 필요한 실용적인 계산술의 발전을 저해시킨다. 또한 이는 초기의 서양 수학이 대수학에 취약할 수밖에 없었던 이유가 되었다. 그들이 '계산'을 수학의 한 분야로 받아들이기까지는 먼 훗날, 중세의 암흑기가 지나고 아랍인들이 인도의 수 체계를 가지고 올 때까지 긴 시간이 필요했다.

제3부
신의 숫자

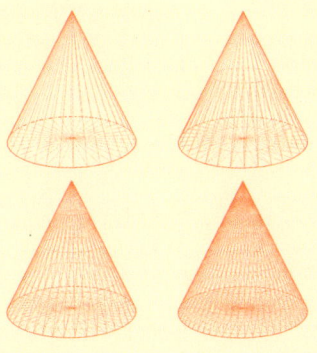

1. 인더스 강에 흘러든 고대 문명

인디아는 페르시아인들이 '거대한 인더스 강이 흐르는 제국의 동쪽에 위치한 땅'을 지칭한 곳이었다. 인도학의 세계적 권위자 스탠리 월퍼트 교수(UCLA)는 '인디아'라는 말의 기원이 페르시아인들로부터 비롯됐다고 했다.

인더스 문명의 가장 중요한 유적지로 알려진 모헨조다로와 하라파를 발굴한 결과, 역사학자들은 최소 기원전 2300~1700년에 오늘날 드라비다인의 선조가 그 문명을 건설했음을 밝혀냈다. 그러나 그들의 도시는 기원전 1500년경 힌두쿠시 산맥을 넘어온 아리아인들에게 정복당하고 만다. 기마술과 철제술을 기반으로 한 이 호전적인 유목민은 이전 주민의 정신 문화를 받아들여 오늘날 힌두교의 원형인 베다^{Veda} 신앙을 형성해 나갔다. 아리아족의 브라만을 통해 암송되던 신성한 송가들은 산스크리트어로 쓰인 베다 경전에 압축된다. 현재 베다 수학으로 알려진 인도의 전통적 수학 체계도 이 텍스트에 기원을 둔다(베다는 '알다'라는 뜻으로 성스러운 지식의 책으로 이해할 수 있다. 현대에 알려진 베다 수학은 20세기의 인도 수학자인 스와미 바라티 크리슈나 티르타지가 베다 텍스트에서 산술, 대수, 기하 등에 관련된 경구들을 해석해 재구성한 체계이다).

베다 문헌이 쓰이고 나서 그 이해와 실천을 돕기 위해 6종의 보조적 문헌인 베당가Vedāṅga가 쓰여졌다. 그 가운데 '끈의 법칙'으로 알려진 기하학적 지식 체계가 바로 '술바수트라'이다. 술바Sulva는 '측정용 끈이나 자'를 말하고 수트라Sūtra는 '종교적 의식이나 과학 지식을 적은 격언'을 가리킨다. 다시 말해 사원의 설계, 제단의 측정이나 건조에 필요한 지식이었던 셈이다. 또한 이 경전에는 끈 3개로 직각 삼각형의 비(比)를 만드는 원리도 담겨 있는데, 수학사가들이 메소포타미아 문명의 영향을 주장하는 증거가 되고 있다. 스탠리 월퍼트 교수는 고대 수메르 유적지에서 발굴된 '생산품의 출처 확인을 위해 사용된' 인디아인의 문장(紋章)에 주목한다. 이것을 근거로 드라비다인의 시대부터 메소포타미아 문명과 교류가 있었음을 주장하는 것이다. 아리아인들이 피정복민인 드라비다인들의 문화(인더스 문명)를 상당 부분 흡수했다는 사실은 이미 언급한 적이 있다. 따라서 술바수트라에 담긴 직각삼각형 원리가 메소포타미아의 수학 지식이 드라비다를 거쳐 아리아인의 문명으로까지 이어진 증거라고 생각하는 데는 상당한 타당성이 있다.

기원전 8세기에서 기원후 2세기로 추정되는 술바수트라의 시대가 끝나고, 기원후 5세기 무렵부터 시단타Siddhānta의 체계가 성립된다. 다섯 종류의 책으로 이뤄진 시단타 경전은 말하자면 천문학 논문에 해당한다. 그 내용은 산스크리트어로 쓰인 애매모호한 시편으로 이뤄져 있다. 다섯 개의 저술 중 현재까지 '온전히' 남아 있는 것은 『수리야시단타』뿐이다. 수리야Sūrya란 '태양신'을 가리키는 말이므로, 곧 태양계에 관한 천문학 저서라고 할 수 있다.

시단타가 인도의 독창적인 저술이라고 주장하는 사람도 있지만, 현대의 많은 수학사가는 그리스의 영향에 주목한다. 시대적 배경을 살펴보면 충분히 타당성 있는 이야기이다. 시단타의 시대보다 약 800년 앞서(기원전 4세기) 이미 알렉산더의 동방 원정이 있었고, 이로 말미암아 그리스 제국의 헬레니즘 문화가 유입되었다. 인도 최초의 통일 제국을 건설한 찬드라굽타 마우리아는 알렉산더의 후예인 셀레우코스 1세와 외교 관계를 맺기도 했다. 이는 기원전 4세기의 일이다. 이 때 다녀간 최초의 그리스 사절이 바로 『인도지Indica』를 저술한 메가스테네스이다.

국내에서도 인도 수학에 미친 그리스의 영향을 증명하는 글이 주목을 받은 바 있다. 2013년 《신동아》 8월호(647호)에 게재된 '알렉산드리아에서 조선까지 1400년의 문명 대이동'이 그것이다. 글을 쓴 곽문석 서울대 인문학연구원(HK 연구교수)에 따르면 프톨레마이오스의 『테트라비블로스』에 실린 '황도 12궁'이 인도의 고대 천문학에 미친 영향이 상당했던 것 같다. 황도 12궁은 태양의 이동 경로인 황도대(黃道帶)의 360° 원주를 12개로 나눠 놓은 것이다. 우리가 익히 알고 있는 양, 황소, 쌍둥이, 게, 사자, 처녀 등의 별자리로 나눠

는 체계이다. 프톨레마이오스(기원후 90~168년)는 알렉산드리아의 수학자였으며 고대 그리스 천문학을 집대성한 『수학대전』과 점성술서 『테트라비블로스』 등의 주요 저작을 남겼다(『수학대전』은 훗날 아랍어로 번역되면서 붙여진 '알마게스트'란 이름으로 더 많이 알려져 있다). 곽 연구원은 인도에서 그리스의 황도 12궁 명칭이 등장하는 문헌 중 가장 오래된 것으로 기원후 270년경에 쓰인 『야바나자타카Yavanajataka』를 든다. 여기서 '야바나'란 '이오니아 사람', 곧 그리스인을 가리키는 말이다. 이를 근거로 곽 연구원은 "서기 1~2세기 프톨레마이오스를 중심으로 한 그리스의 천문 점성술을 바탕으로 번역된

책"이 분명하다고 확신한다. 문헌의 성립 시기는 시단타와도 거의 일치하며, 그림들은 프톨레마이오스-인도-조선(태조 4년에 제작된 '천상열차분야지도')에 이르는 황도 12궁의 전파 경로를 잘 말해 주고 있다. 그리스 알렉산드리아에서 시작된 천문 점성술 체계가 1400여 년 뒤 극동에 위치한 작은 나라 조선까지 이어지는 흐름이 참으로 흥미롭다.

2. 현대 삼각법의 원류를 찾아서

삼각법의 기본 개념은 고대 그리스 수학에서 비롯되었다. 이집트나 메소포타미아에서도 삼각법의 초기 흔적을 발견할 수는 있지만 인도 삼각법의 성립에 직접적으로 영향을 미친 것은 그리스의 천문학 체계였다.

맨 처음 천문학 수표를 작성한 사람은 기원전 140년경에 활동한 히파르코스였다. 그는 『원(圓)의 현(弦)에 대하여』에서 최초로 원의 모든 각에 대한 현의 길이표를 작성한 것으로 알려져 있다. 이런 이유로 후세 학자들 가운데는 원의 각이 360°임을 체계적으로 증명한 이가 히파르코스라고 생각하는 사람이 많다. 고대의 수학자들은 천체의 운동에 대해 행성들이 지구를 중심으로 돈다는 생각을 갖고 있었으며, 오늘날처럼 공전 궤도가 타원이 아닌 원이라고 생각했다. 이는 원에 대한 기하학 연구가 천문학을 위해 꼭 필요한 근간이 된 이유다.

그림에서 보듯이 지구를 중심으로 공전하는 행성 A와 B의 궤도는 원을 따른다. 그러나 지상에서 쳐다볼 땐 평면에서 이동하는 것처럼 보일 뿐이다. 따라서 '원주 위의 두 점 A와 B를 잇는 선분', 곧 현Chord $\overline{AB}$의 길이를 재는 것은 두 행성 사이의 거리를 측정하기 위해서도 필요했다.

오늘날 히파르코스의 저작은 남아 있지 않지만 다행스럽게도 그와 그 이전의 수학적 유산이 프톨레마이오스에게로 이어져 집대성되었다. 그 역사적 산물이 바로 '알마게스트'로 알려진 『수학대전』이다. 이 저작으로 후대인들은 고대 그리스 수학에서 현표(원의 중심각에 대한 현의 길이를 나타내는 표)뿐 아니라 그것을 만드는 데 필요한 증명법도 파악할 수 있게 됐다. 프톨레마이오스는 히파르코스가 계산한 현표를 더욱 확장해 $\frac{1}{2}$°부터 180°까지 $\frac{1}{2}$° 간격으로 현표를 만들었다. 메소포타미아의 60진법을 받아들여 1°를 60분('), 1분을 60초(")로

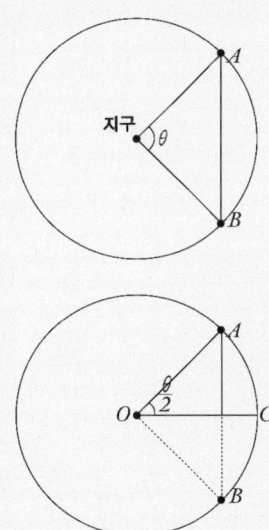

세분화한 사람도 그였다(원의 각은 360°로 정의되고, 1°는 $\frac{1}{360}°$를 말한다. 분과 초를 사용하는 이유는 각도를 분수로 나타내지 않기 위해서였다).

이제는 인도인들이 나설 차례가 되었다. 그들은 여기서 한 걸음 더 나아가 5세기 초엽에 저술된 시단타 경전에서 반현표(半弦表)를 선보인다. '사인sine'이라는 용어는 시단타 경전에 쓰인 '자야jya'라는 표현에서 비롯된 것으로 '현의 절반, 곧 반현'을 의미한다. 이것이 훗날 아랍 수학자들을 통해 '자이브jaib'라는 말로 번역되었다. 아랍어로 '협곡'이나 '만(灣)'을 뜻하는 이 말은 단순한 음역(音譯)일 뿐 수학적 의미는 갖고 있지 않다. 하지만 자이브가 유럽으로 건너가면서 '협곡'이나 '만(灣)'을 가리키는 라틴어 '시누스sinus'로 말뜻이 계승되었다. 오늘날 영어의 사인sin은 라틴어 시누스로부터 유래되었다.

시단타로부터 수십 년이 지난 476년에 서로마 제국이 멸망하고, 이 해에 태어난 아리아바타가 '인도인의 원론' 격인 『아리아바티야』를 저술했다. 여기서 그는 이전의 반현표를 보다 정교하게 다듬어 0°에서 90° 사이를 24등분해 각에 따른 반현의 값을 제시했다. 아리아바타로부터 1세기 뒤에 태어난 브라마굽타는 선대의 유산을 더욱 정교하게 다듬었다. 그는 아리아바타의 사인표를 재정비하는 한편 여기에 포함되지 않은 임의의 각에 대해서도 반현의 길이를 구했다. 게다가 브라마굽타의 반현표에는 앞선 그림에 나와 있듯 부채꼴의 호와 현의 중점을 이은 선분($\overline{OC}$)의 길이까지 기록되어 있다(현대 수학에서 $1 - \cos\theta$라고 부르는 값이다). 이렇듯 인도인들을 통해 삼각함수의 체계는 더욱 정밀해지고 체계화됐다. 이 때 구축된 삼각함수표는 현대 수학이 제시하는 내용과 거의 일치한다. 인도인들이 현대 삼각법의 시초로 여겨지는 이유이다.

인도인들이 왜 그리스의 현표와 달리 반현표를 작성했는지에 대해서는 확실한 이유를 알기 어렵다. 다만 반현표로 접근하면 직각 삼각형의 성질을 이용하기가 수월해진다는 측면을 생각해 볼 수 있다. 게다가 180° 범위의 프톨레마이오스 현표가 천문학을 위한 지식 체계였던 데 반해, 인도인의 반현표는 좀 더 실용적으로 사용되었다는 점도 고려할 필요가 있다. 직각 삼각형의 원리를 이용하면 천체를 측정하는 일뿐 아니라 건축을 포함해 항해와 지도 제작 등 실생활에서 응용 가능한 범위로 확장해 나가기가 훨씬 수월했을 테니 말이다. 한 가지 알아둬야 할 사실은 프톨레마이오스도 반현표를 만들려면 만들 수 있었다는 점이다(실제로 그는 여기에 필요한 공식도 갖고 있었다). 그러나 프톨레마이오스는 몇 개의 사인 값밖에는 알지 못했다. 후세의 사가들은 고대 그리스의 셈법과 기수법의 비효율성을 들어 산술과 대수학이 발전한 인도만큼 삼각함수 값의 계산이 쉽지 않았을 거라는 이유를 대기도 한다.

3. 무한에 대한 저 집요한 열망이라니!

리샤브하나타는 덕망 있는 그의 아버지가 다스리는 수도에서 태어났으며, 젊은 왕자 시절에는 2,000,000년의 1,000,000배에 해당하는 동안 궁중의 쾌락을 즐겼다. 왕이 되었을 때 그는 (중략) 63,000,000년의 1,000,000배가 되는 재위 기간 동안에 72개의 학문을 가르쳤다. 그중의 첫 번째가 글쓰기이며, 가장 중요한 것은 산수이고, 마지막의 것이 점술이었다고 한다.

— 조셉 캠벨, 「신의 가면 II : 동양신화」 중 인도 신화

자이나교에서는 우주의 순환에 따라 '선이 점점 더 악에게 자리를 내어주는' 6번의 하강기를 거쳐 다시 '세계가 선으로 돌아가는' 6번의 상승기로 나뉜다는 믿음을 가지고 있다. 그 순환은 12개의 바퀴살로 묘사되는데 하강하는 살은 아바사르피니Avasarpini, 상승하는 살은 우트사르피니Utsarpini로 불린다. 이 이야기의 주인공인 리샤브하나타는 세 번째 하강기인 '슬프면서도 매우 아름다운' 시기를 살다가 네 번째 하강기 '매우 아름다우면서도 슬픈' 시대의 첫 번째 구세주가 된 인물이다.

세계적인 신화학자 조셉 캠벨 박사의 설명에 따르면 세 번째 하강기의 기간만 무려 200,000,000,000,000(200조)대양의 해에 이른다고 한다. '대양의 해'라는 기간은 1억 팔랴의 1억 배에 해당한다. 뭐, 이쯤 되면 답도 없다. 왜 그런가? 1팔랴란 '무수한 해의 시기'를 말하기 때문이다. 붓다도 오늘날 10^{54}에 해당하는 단위의 숫자까지 만들었다니 더 말해 무엇 하겠는가!

인도인들은 확실히 큰 수의 민족이다. 이런 정신 문화를 배경으로 살아온 인도의 수학자들한테서 큰 수에 대한 집착을 보는 건 당연한 일이다. 본문에서 만난 두르가 사원의 전설도 그것을 드러내는 흥미로운 산술 체험의 사례가 될 것이다.

4. 0과 음수 개념의 전파자, 브라마굽타

브라마굽타는 양수와 음수, 0을 각각 '재산' '빚' '무'로 표현하며 재산과 빚의 양이 같을 경우 0이라고 썼다. 더불어 그는 무(0)를 기준으로 무에서 부채 하나를 빼면 재산이 되고[0 - (-1) = 1], 무에서 재산 하나를 빼면 빚

하나가 된다[0 - (1) = -1]는 이론을 폈다. "양수의 역은 음수이며 음수의 역은 양수"라는 대수학의 근본 규칙을 세운 것이다. 그러나 그런 그도 0이 아닌 어떤 수를 0으로 나눴을 때에 대해서는 뚜렷한 결론을 제시하지 못했다. 이 문제는 12세기에 확실히 매듭지어졌다. 인도의 수학자 바스카라가 0이 아닌 수를 0으로 나눌 경우, 곧 분모가 0인 분수일 때는 그 값이 '무한량'이라고 결론을 내린 것이다. 바스카라는 이런 경우 아무리 많은 값을 더하거나 빼도 무한량에는 변함이 없음을 주장하며 재미있는 비유를 들었다. "이것은 무한하며 불변하는 신에게 어떤 변화도 일어나지 않는 것과 같다."

5. 인도 수학은 자갈과 보석의 혼합물?

스와미 바라티 크리슈나 티르타지가 현대에 재구성한 베다 경전의 계산법은 1960년대 영국에 소개되면서 대안 수학 체계로 각광을 받았다. 책 하나를 펴들고 두 자릿수 곱인 83 × 87의 베다식 셈법을 익혀 본다. 먼저 10의 자릿수 8과 그 수에 1을 더한 9를 곱한다.

8 × (8 + 1) = 72. 그다음은 1의 자릿수끼리 곱한 값, 즉 3 × 7 = 21을 72의 뒤에 붙인다. 답은 7221. 일반 계산법으로 검산해 보니 맞다.

이번에는 84 × 85의 계산에 도전해 본다. 답은 7220. 어라? 검산해 보니 정답은 7140이다. 어찌 된 건가 싶어 책을 뒤져 보니 10의 자릿수가 서로 같고, 1의 자릿수들을 합쳐 10이 돼야 한다는 조건에만 맞는 계산법이란다. 이처럼 베다 수학은 특별한 경우를 만족시키는 다양한 계산법으로 구성돼 있다. 계산 속도는 빠르지만 이런저런 경우의 수를 다 따져 각각에 맞는 계산법을 적용하려면 책 한 권은 외워야 할 것 같다. 실제로 이들 계산법을 '달달 외고 있던' 인도 수학자들은 엄청난 산술 실력을 자랑했다고 한다.

다음은 중세 인도 수학의 최고봉으로 평가받는 바스카라에 얽힌 이야기이다. 어느 날 피타고라스의 정리를 증명하겠다며 나선 그가 아래의 그림들을 그린 후 단 한 마디만을 남긴 채 가 버렸다고 한다. "보라!"

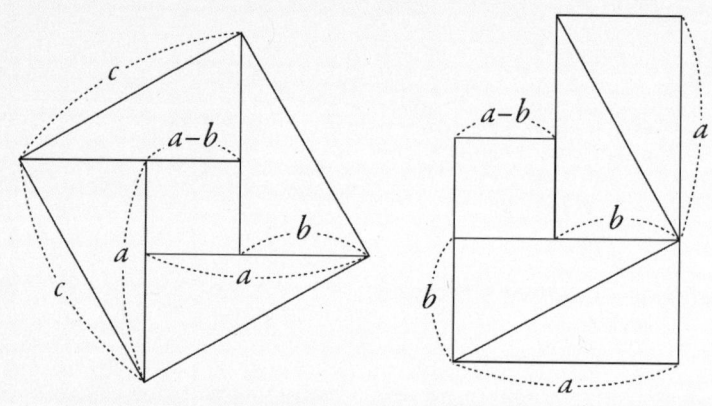

두뇌가 빠른 사람들은 금방 알아차리겠지만, '평균 두뇌'인 이들은 인내심을 갖고 그림을 들여다봐야 할 것이다. 어쩌면 끝내 푸념 섞인 말만 중얼거릴 수도 있다. 그러나 왼쪽 그림을 재구성한 오른쪽을 보면 간단한 문제라는 생각이 들 것이다. 두 변을 각각 a와 b로 하는 직사각형 두 개의 면적을 합치면 $2ab$, 여기에 $a-b$를 변으로 하는 정사각형의 면적은 $(a-b)^2$이다. 직사각형 둘과 정사각형 하나를 합친 면적은 왼쪽 그림의 큰 정사각형 c^2과 같다. $c^2 = (a-b)^2 + 2ab$, 이를 풀어 보면 $c^2 = a^2 + b^2$이다. a, b, c는 각각 그림 속 직각 삼각형의 밑변, 높이, 빗변에 해당한다. 이로써 피타고라스의 정리가 증명됐다. "보라!"

1975년에 인도가 쏘아 올린 최초의 인공위성의 이름은 아리아바타였다.

이 이름의 원주인 역시 고대의 인도 수학을 최초로 집대성했다는 점에서 인도 우주 항공 역사에 이름을 남길 만하다. 아리아바타의 『아리아바티야』에는 이전의 지식뿐 아니라 새롭게 발견한 지식들도 요약해 수록돼 있다. 그러나 수학사적 측면에서 볼 때 인도의 『원론』에 비견될 만큼 중요한 이 저작은 다소 냉정한 평가를 받는다. 논증을 생명으로 하는 수학적 엄밀성이 부족하다는 점이 가장 큰 이유이다. 증명도 없이 자의적인 방식으로 문제를 푸는가 하면, 삼각형의 면적을 구하는 공식과 삼각뿔의 부피를 구하는 공식이 똑같이 '밑변 × 높이 × $\frac{1}{2}$'로 제시되기도 한다. 정확한 식과 잘못된 식이 뒤섞여 있어 곧잘 혼란을 불러일으키는데, 이런 성향은 π값을 두 개나 내놓은 브라마굽타도 예외가 아니었다. 11세기 중세 이슬람의 위대한 학자로서 인도를 직접 방문하기도 했던 알비루니는 이런 인도 수학의 특징에 대해 이런 말을 남기기도 했다.

"길가의 흔한 자갈과 값비싼 보석을 모아 놓았다."

제4부
문명의 용광로

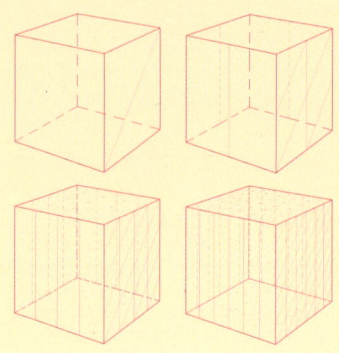

1. 알콰리즈미의 대수학 방식

$x^2 + 7 = 8x$를 풀어 보자. 초등 수학 문제이니 쉽게 풀 수 있을 것이다. 먼저 복원의 법칙에 따라 이항을 한다. $x^2 - 8x + 7 = 0$. 이것을 인수분해하면 $(x-1)(x-7) = 0$이다. 따라서 방정식의 근은 $x = 1$과 7이다. 이것을 알콰리즈미는 어떻게 풀었을까? 『복원과 상쇄의 서』에 나온 설명은 다음과 같다.

"x의 계수(8)를 반으로 나누면 4가 되고, 이것을 제곱하면 16을 얻는다. 이 수(16)에서 2차항에 더해진 7을 빼면 9가 된다. 이 수(9)의 제곱근을 구하면 3이 되고, 이것(3)을 x의 계수(8)의 반인 4에서 빼면 1이 된다. 이 수 1이 구하는 해이고, 그 제곱은 1이다. 또한 9의 제곱근을 x의 계수의 반(4)에 더하면 7이다. 이 수 역시 구하는 해이고, 그 제곱은 49이다."

복잡한가? 어쩔 수 없다. 1000여 년 전에는 그랬다. 그런데 이것으로 끝이 아니다. 대수적인 방법으로 얻은 결과가 기하학적으로도 참임을 증명해야 하기 때문이다. "대수학이란 증명된 기하학적 사실"이라던 오마르 하이얌의 말을 기억하는가? 『복원과 상쇄의 서』 4장에 나온 문제 하나를 더 살펴보자. $x^2 + 10x = 39$. 우리는 이 근도 아주 쉽게 구할 수 있다. $(x-3)(x+13) = 0$, 따라서 $x = 3, -13$이다. 그러나 당시 사람들은 음수를 근으로 취급하지 않았으니 $x = 3$만이 답이다. 이제 알콰리즈미의 설명을 들어볼 차례이다.

"먼저 양변이 x인 정사각형을 그리는 거야. 그렇게 되면 x^2이 만들어졌지? 이번에는 $10x$를 만들어 보자고. 10을 4등분 하면 뭐가 되나. 그렇지, $\frac{5}{2}$일세. 그렇다면 $\frac{5}{2}x$란 한 변이 x이고 나머지 한 변의 길이가 $\frac{5}{2}$인 직사각형의 면적이 되지. 이해하겠나? 이 직사각형 네 개가 모이면 $\frac{5}{2}x \times 4 = 10x$가 되는 것이지. 자만 있으면 금세 그릴 수 있는 거니까 어려울 건 없다네."

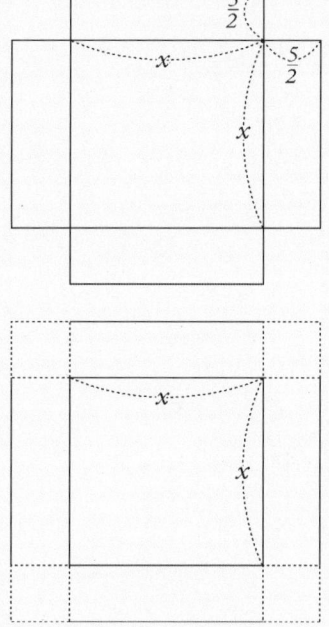

알콰리즈미는 앞서 그린 도형 위에 정사각형들을 채워 넣으며 말한다.

"보라고. 귀퉁이에 들어가는 사각형은 모두 변의 길이가 $\frac{5}{2}$인 정사각형이 된단 말일세. 그 하나의 면적은 $\frac{5}{2} \times \frac{5}{2} = \frac{25}{4}$, 따라서 네 개를 모두 합한 면적은 $\frac{25}{4} \times 4 = 25$가 되지. 이제 모든 면적을 더해 보겠는가? 최초의 정사각형은 x^2, 그다음 직사각형 네 개는 $10x$, 여기에 작은 정사각형 넷은 25.

$x^2 + 10x + 25$

최초의 식이 $x^2 + 10x = 39$였으니까 위의 식은 이렇게 나타낼 수 있지.

$x^2 + 10x + 25 = 39 + 25$.

이것은 복원의 법칙에 의해 양변에 같은 수를 더해 준 것이 되네. 자, 그럼 이건 뭘 뜻하는가. 39 + 25는 모든 정사각형의 면적을 합한 큰 정사각형의 면적과 같다는 것이지. $39 + 25 = 64 = 8^2$이야. 즉 한 변이 8인 정사각형이 된다네. 8은 길이 $x + \frac{5}{2} + \frac{5}{2}$를 더한 값이므로 $x + 5 = 8$이고, 따라서 근은 3이네. 앞서 푼 방정식의 결과가 정답임이 입증됐네."

제5부

움직이는 세계, 미적분

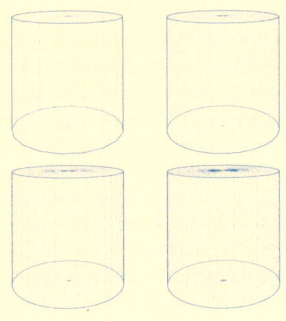

1. 서양 수학, 암흑에서 빛의 폭발까지

제4부에서 아랍 수학의 세계를 여행하면서 우리는 그들의 발전된 산술과 대수학 등이 중세 유럽을 일깨웠다고 이해했다. 레오나르도 피보나치의 『산반서』는 서구 수학의 본격적인 개명을 알리는 신호였다. 그들의 기하학적 전통에 더해 종교적 억압으로 정체돼 온 대수학의 발전이 차츰 가속도를 내기 시작한 것이다.

『산반서』 이후 중세가 끝날 무렵에 시작된 르네상스 시대(14~16세기)에는 카르다노가 저술한 '위대한 술법'이란 뜻의 『아르스 마그나』가 출판되면서 3차, 4차 방정식도 '손쉽게' 해결할 수 있는 토대가 마련되었다. 수학 영역에서 르네상스기의 몇몇 특징을 꼽으면 사영기하학, 상업 산술의 발달, 기호의 정비가 시작됐다는 점을 들 수 있겠다. 사영기하학은 그동안 평면에서만 다뤄지던 유클리드 기하학에 '무한 원점(소실점)'을 끌어들인 것이다. 소위 '보는 기하학'의 시작이었다. 이런 유형의 기하학을 촉발시킨 이들은 수학자가 아닌 다빈치, 뒤러 등 화가들이었다. 이들이 개발한 투시 화법은 르네상스 회화의 특징인 원근법으로 귀결되며, 우리는 그 첫 결실을 피렌체 화가 마사치오의 작품 〈성삼위일체〉(1429년)에서 확인할 수 있다.

상업과 금융업의 발달은 복리(複利) 계산을 위한 고차 방정식 풀이를 보편화시켰다. 그러나 상거래에서 제곱, 세제곱 류의 산술이 불편을 초래하자 편리한 상용로그가 나타났다. 브리그즈는 네이피어와 함께 $\log 1 = 0$, $\log 10 = 1$이라는 규칙을 결정한 뒤 상용 로그표를 만들었다. 이제 복잡한 계산이 훨씬 간단해졌다.

"원금 a원이 3년 후에 원리 합계가 b원이 됐을 때 연 이자를 구한다면?"이라는 문제를 생각해 보자. 이 문제에서 구하려는 연 이자를 x로 두고 복리로 계산하면 원금과 이자를 합한 1년 뒤의 총액은 '원금 + (원금×이자)', $a + ax = a(1+x)$다. 이것은 해가 갈수록 $(1+x)$의 비율로 늘어나는 등비수열을 이룬다(복리의 원칙에 따라 직접 해 보면 간단하게 확인할 수 있다). 따라서 $a(1+x)$, $a(1+x)^2$을 거쳐 3년 후에는 $a(1+x)^3$가 되므로 방정식은 $a(x+1)^3 = b$이다. 여기서 양변에 로그를 취해 보자(로그 함수의 연산 규칙에 따르면 $\log a^b = \log a + \log b$이고 $\log a^b = b \log a$이다).

$\log a(x+1)^3 = \log b$

이는 규칙에 따라 $\log a + \log(x+1)^3 = \log a + 3\log(x+1)$이 되고, $\log a + 3\log(1+x) = \log b$를 이항해서 풀면 다음과 같다.

$$\log(x+1) = \frac{\log b - \log a}{3}$$

상용 로그표에서 a와 b에 해당하는 로그 값을 찾아 오른쪽 항을 계산하면 $x+1$의 로그값을 얻을 수 있다. 그 값을 d로 할 경우 $x+1=d$이고, 연 이자 x의 값은 $d-1$이다. 복잡한 거듭제곱을 하지 않고도 간단한 사칙연산만으로 계산이 끝나는 것이다.

르네상스 시대에는 15세기 금속활자의 발명에 힘입어 합리적이고 편리한 수학 기호가 나타나기 시작했다. 활자 인쇄의 편의를 위해 수학 언어가 보다 분명하게 약호화될 필요가 있었기 때문이다. 15세기와 16세기에 '더하기(+)', '빼기(-)', '근호($\sqrt{\ }$)'와 '등호(=)'가 발명됐고, 17세기에는 '나누기(÷)' '소수점(.)', '부등호(>, <)', 곱하기(×)를 비롯해 기지량과 미지량을 구별하는 문자 기호도 정립되었다(오늘날처럼 a, b, c, d 등의 알파벳 앞자리 기호들을 '기지량'으로, x, y, z 등의 뒷자리 기호들을 '미지량'으로 쓰기 시작한 사람은 데카르트였다). 기호의 단순화와 합리화는 필연적으로 수학 언어의 추상화를 불러왔다. 구구절절 문장으로 설명하거나 복잡한 기호를 나열하는 것에서 탈피해 보다 고차원적인 상징 패턴이 나타나게 된 것이다.

17세기 '과학혁명의 시대'는 이전 시대의 발전적 요소들을 기반으로 인간 지성이 한 단계 도약함으로써 일구어 낸 결과였다. 이 시기에는 과학의 발전으로 산업이 부흥되고 공방과 길드를 중심으로 한 가내수공업 체제가 공장제 수공업으로 점차 전환되어 갔다. 넘치는 상품을 팔기 위한 교역의 규모는 자연히 커질 수밖에 없었다. 해상 무역이 확대되며 상품의 소비처이자 원료의 공급처로서 식민지 확보를 위한 쟁탈전이 시작된 것도 이 때부터였다.

그렇다 보니 다양한 분야의 과학이 요구됐다. 전쟁을 위해서는 포탄의 탄도 계산을 할 수 있는 고차 방정식이 필요했고, 활발한 해상 활동을 지원하기 위한 지도(삼각법)와 망원경(광학)도 갖춰야 했다. 특히 역학의 중요성이 커졌다. 무역선이 많은 물건을 싣고 빠른 운동 속도를 유지하도록 하려면 물체의 평형(정력학)은 물론이고 운동(동력학)에 대한 지식도 필요했다. 특히 동력학은 이 시기에 처음 출현한 학문 분야였는데, 수학의 발전은 이처럼 운동이나 에너지를 다루는 물리 역학의 발전과 함께 진행되었다.

2. 해석기하학, 사물에 위치 값을 부여하다

눈 밝은 당신을 위해 미리 얘기를 하고 넘어가야겠다. 이 책 『문명과 수학』에서는 오늘날 우리에게 익숙한 직교 좌표계는 찾아볼 수 없다. 데카르트는 주로 수평축만을 썼고, y축을 써도 비스듬히 기울어진 사교 좌표계뿐이었다. 『유클리드의 창: 평행선에서 초월 공간까지의 기하학 이야기』를 쓴 믈로디노프 박사는 데카르트가 좌표를 사용한 것은 맞지만 거의 비슷한 시기에 페르마가 먼저 쓰기 시작했다고 한다. 게다가 두 사람 모두 x축에서 음(-)의 영역은 배제했다. 그러므로 본문에서 얘기한 데카르트의 법칙은 온전히 그만의 것이 아니다. 시간이 지나 차곡차곡 정립된 내용을 데카르트라는 이름으로 정리했다고 받아들여야 할 것이다.

「기하학」 논문 하나 외에는 별다른 수학적 저작이 없는 데카르트와 비교한다면 아마추어 수학자이면서 프로 수학자를 능가한 페르마의 영향력이 훨씬 더 클 것이다. 훗날 미적분학에 동기를 제공해 줄 곡선에 대한 접선(법선) 연구라든가, 극대값과 극소값을 구하는 미분 방식도 그에게서 비롯되었기 때문이다.

3. 아킬레스가 거북이를 따라잡았다고?

제5부의 주제는 '움직이는 세계'였다. 시간과 공간을 무한히 분할할 수 있다던 피타고라스의 세계에서 운동, 곧 움직이는 세계는 불가능한 것이었다. 제논은 바로 그 점을 지적하고자 했다. 따라서 수학이 세계의 변화와 운동을 포착하기 위해서는 '무한'을 포섭하는 일이 급선무였다. 그렇다면 그 해묵은 난제를 극복해 낼 아이디어의 전환은 어떻게 해서 이뤄진 것일까?

1, 2, 3, 4, 5, 6, 7…… 숫자의 열이 끝없이 이어진다. 이 수열은 무한히 계속될 것이다. 그런데 이들을 모두 더한 수를 찾을 수 있을까? 없다! 이렇게 생각하는 것이 상식적이다. 그럼에도 희한하게도 있다! 무한히 이어지는 자연수를 'n'이라 가정하고 $S = 1 + 2 + 3 + 4 + \cdots + (n-1) + n$의 급수(수열의 합은 급수이다)를 생각해 보자.

$S = 1 + 2 + 3 + 4 + \cdots \quad (n-1) + n$ ············ ①
$S = n + (n-1) + (n-2) + (n-3) + \cdots \quad 2 + 1$ ············ ②

①을 거꾸로 배열하면 ②와 같이 된다. 이제 ① + ②를 해 보자.

$2S = (n+1) + (n+1) + (n+1) + (n+1) + \cdots + (n+1)$

두 급수의 합은 n + 1을 n번 더한 것이 된다. 따라서 2S = n(n + 1)이고 $S = \frac{n(n+1)}{2}$이다.

이런 식의 조작(?)을 해봄으로써 $S = 1^2, 2^2, 3^2, 4^2 \cdots\cdots n^2$이라는 수열의 급수값도 알 수 있다. 이 때 $(k+1)^3 - k^3 = 3k^2 + 3k + 1$이라는 수식이 필요하다(여기서는 딱히 증명이 필요하지 않다. 계산해 보면 이 등식이 성립한다는 것을 금방 알 수 있으니까). 이 수식에서 k = 1에서 n으로 이어질 때 우리는 다음과 같은 조합을 얻을 수 있다.

k = 1일 때 $(1 + 1)^3 - 1^3 = 3 \cdot 1^2 + 3 \cdot 1 + 1$

k = 2일 때 $(2 + 1)^3 - 2^3 = 3 \cdot 2^2 + 3 \cdot 2 + 1$

k = 3일 때 $(3 + 1)^3 - 3^3 = 3 \cdot 3^2 + 3 \cdot 3 + 1$

……

k = n일 때 $(n+1)^3 - n^3 = 3 \cdot n^2 + 3 \cdot n + 1$

여기서 $(k + 1)^3 - k^3$ 형태인 왼쪽의 항들을 계산하면 $[2^3 + 3^3 + 4^3 + \cdots\cdots + (n+1)^3] - [1^3 + 2^3 + 3^3 + \cdots\cdots + n^3]$이 되므로 $(n+1)^3 - 1^3$만 남는다.

이제 오른쪽 항들을 따로 더해 보자.

$3(1^2 + 2^2 + 3^2 + 4^2 + \cdots\cdots + n^2) + 3(1 + 2 + 3 + 4 + \cdots\cdots n) + (1 \times n)$

우리는 이미 $1 + 2 + 3 + 4 + \cdots\cdots n$의 값이 $\frac{n(n+1)}{2}$임을 알고 있으니 구하려는 $1^2 + 2^2 + 3^2 + 4^2 + \cdots\cdots + n^2$의 값을 S로 놓고 좌우항을 정리해 보면 마음과 같다.

$$(n+1)^3 - 1^3 = 3S + 3\frac{n(n+1)}{2} + n$$

이 수식을 계산하면 $S = \frac{n(n+1)(2n+1)}{6}$이 나온다.

끝없이 이어질 것만 같은 무한의 세계가 이렇듯 간단하게 수식화되었다. 허탈한 생각이 드는가? 그러나 주의를 기울여야만 한다. 우리가 수식으로 나타낼 수 있는 무한의 합은 '어떤' 경우에만 해당하기 때문이다. $S = 10 - 10 + 10 - 10 + 10 - 10 + \cdots\cdots$. 이 무한급수의 답은 무엇일까? 0이라고 대답했다면 맞다. 그런데 당신은 틀렸다.

$S = 10 - 10 + 10 - 10 + 10 - 10 + \cdots\cdots$ ---------- ①

$-S = -10 + 10 - 10 + 10 - 10 + 10 - \cdots\cdots$ ---------- ②

$-S$는 S의 처음 10 다음에 펼쳐지는 급수와 똑같다. 그러므로 S에서 $-S$를 빼면 $S - (-S) = 2S = 10$이다. S는 0이 아니라 5이다. 그런데 이것도 틀렸다! S를 가지고 다시 장난을 쳐 보자.

$S = 10 - 10 + 10 - 10 + 10 - 10 + \cdots\cdots = 10 + (-10 + 10) + (-10 + 10) + \cdots\cdots$가 되므로 $S = 10$이다. 무엇이 답인가? 정답은 '없다'이다. '수학의 칼 세이건'이라고 불리는 케이스 데블린은 이 '요상한' 무한의 사례와 함께 다음과 같은 수식 하나를 다시 들이밀었다.

$S = 10 + 1 + \frac{1}{10} + \frac{1}{100} + \frac{1}{1000} + \cdots\cdots$

$10S = 100 + 10 + 1 + \frac{1}{10} + \frac{1}{100} + \frac{1}{1000} + \cdots\cdots$

$10S - S = 100$

$$S = \frac{100}{9} = 11\frac{1}{9}$$

당신이 친구와 달리기 경주를 할 때 '답답할 정도로 느려 터진' 그에게 10m를 양보한다고 치자. 그러나 출발한 후 친구와 당신의 간격은 어느새 1m, $\frac{1}{10}$m, $\frac{1}{100}$m씩 줄어들 것이다. 앞에 나온 S는 당신이 친구를 따라잡기까지의 거리를 모두 합한 값이다. 그러므로 당신은 $11\frac{1}{9}$m 지점에서 그 친구와 동일선상에 서게 될 것이다. 제논은 이렇게 말했다. 피타고라스의 말처럼 공간과 시간을 무한히 분할할 수 있다면 아킬레스가 거북이를 따라잡는 일은 결코 없을 거라고, 날아가는 화살도 절대로 과녁에 닿을 수 없을 것이라고 말이다. 그런데 2300년을 달려온 아킬레스가 마침내 거북이를 추월할 수 있게 된 것이다.

지금까지 살펴본 무한급수를 그저 무한히 더해 나가고만 있었다면, 우리는 끝내 답을 찾을 수 없었을 것이다. 어떤 무한은 $\frac{n(n+1)}{2}$이 되고, 어떤 무한은 '답이 없다'가 되는 것, 여기에는 하나의 무한이 수학적 패턴으로 표현될 수 있느냐 없느냐의 차이가 존재한다. 케이스 데블린은 "(무한)급수값을 구하는 열쇠는 '개별 항을 더하는 과정'으로부터 '일반 패턴을 식별하고 조작하는 것'으로의 관심 이동이었음을 주목하라"고 말했다. 기나긴 노력으로 마침내 '인간 승리'를 얻어 낸 아킬레스의 사례에서도 알 수 있지 않은가. 움직이는 세계를 끌어안은 수학, 그것을 위해 궁극적으로 필요했던 것은 바로 '무한을 다루는 방법'이었다. 그러나 우리가 다룰 수 있는(답을 얻어 낼 수 있는) 무한은 우리 정신이 패턴화할 수 있는 무한일 뿐이다. 이는 정신이 더 큰 우주를 감싸 안을수록 우리가 다룰 수 있는 무한의 깊이와 폭은 더욱 확장될 거라는 말과도 같다.

4. 세 과학자의 대화, 무한의 도약

그렇다면 기하학에서 무한을 다루는 관점은 어떻게 변화해 왔을까? 그것을 알아보기 위해 이제 우리는 역사 속에서 세 사람을 소환해 보기로 하자. 에우독소스(기원전 408~355)와 케플러(1571~1630), 카발리에리(1598~1647)가 그들이다. 에우독소스와 케플러에게는 '원'을 하나씩 건네고, 케플러에게는 '사각뿔'을 내민다. 그들 사이에 어떤 대화가 오가게 될지 가만히 귀 기울여 보는 것도 흥미로운 일일 것이다. 먼저 에우독소스가 나선다.

"반지름 r인 원을 그리고 중심 O를 지나는 지름의 끝 S에서 r의 길이로 호를 그어 보세. 이 때 생기는 교점을 P와 Q라 하고 P, Q, R에 선분을 그으면 원에 내접하는 정삼각형이 만들어지네. '원의 중심에서 내린 직선은 현을 수직 이등분한다'는 정리에 따라 $\overline{PT}=\overline{TQ}$이므로 △$PRT$와 △$QRT$는 합동이네. 곧 $\overline{RP}=\overline{RQ}$가 되는 거지. 마찬가지로 P에서 O를 지나는 선도 현 $\overline{RQ}$를 수직 이등분하므로 두 개의 합동 삼각형이 성립돼 $\overline{RP}=\overline{PQ}$가 될 걸세. $\overline{PQ}=\overline{RP}=\overline{RQ}$이므로 세 변이 같은 정삼각형이 되는 거지([그림 1]).

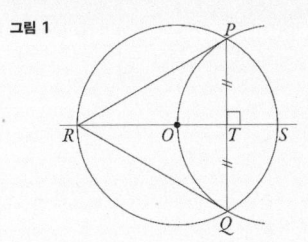

그림 1

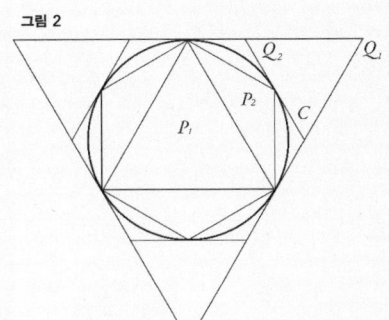

그림 2

그렇다면 이제 이 원에 외접하는 삼각형을 하나 더 그린 다음에 본격적으로 원의 면적 C를 구해 보도록 하세([그림 2]). 내가 살던 시절에는 이렇게 했다네. 처음의 삼각형 면적을 P_1이라고 한다. 다음에는 그 삼각형과 원호 사이의 공간에 이등변 삼각형 세 개를 그리고, 그것들의 면적과 P_1을 합한 것을 P_2라고 해 봄세. 이런 식으로 계속해서 삼각형과 원호 사이의 공간을 더 작은 삼각형들로 채워 가는 거야. 그럴 경우 $P_1 < P_2 \cdots < C$인 열이 생긴다네. 원에 외접하는 삼각형의 경우도 마찬가지야. 최초의 외접 삼각형 면적은 Q_1. 이것은 최초의 삼각형과 원 사이의 공간에 그려지는 작은 삼각형 세 개의 면적을 합친 Q_2보다 클 걸세. 이런 경우에는 $C < \cdots < Q_2 < Q_1$의 열이 만들어지지. 이처럼 계속해서 원의 안팎으로 '극한까지' 조여 가다 보면 원의 면적을 $P_1 < P_2 \cdots < C < \cdots < Q_2 < Q_1$ 사이에서 얻게 된다네. 나보다 한 세기 너머 태어난 아르키메데스도 이런 식으로 '지름에 대한 원 둘레의 비(원주율, π)를 찾았던 거지. 이제 알겠는가? 내가 창안한 방법을 왜 '소진법(消盡法)'이라고 하는지(어미소의 젖을 '짜듯' 원이나 곡선 도형의 내부를 빠짐없이 덜어내어 셈한다는 뜻으로 '착출법'이라고도 한다. 앞서 아르키메데스가 찾았다는 π의 값은 $\frac{223}{71} < \pi < \frac{22}{7}$ 범위의 3.1416이라는 근사값이었다)."

"굉장하십니다!"라고 박수를 치며 케플러가 말을 받는다.

"이런 아이디어를 생각해 낸 것도 그렇고요. 더군다나 셈법도 어렵고 기수법도 비효율적이던 시절이 아니었습니까. 한 땀 한 땀 계산하신 그 노동의 열정이 대단하십니다. 아르키메데스 선생이 π값 계산을 한 게 당시로선 혁명적인 일이었다는 말들을 하더군요. 왜 그런지 정말로 실감이 납니다."

케플러의 눈에는 존경의 빛이 어려 있다.

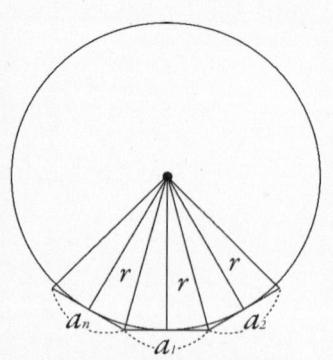

"하지만…… 선생님, 그건 결국 근사값일 뿐이죠. 선생님이 살던 시대에는 기하학적인 조화나 대칭 같은 것에만 몰두하신 나머지 계산술이 필요한 면적과 부피에 대한 셈은 외면당했죠. 불확실한데다가 가늠할 수 없는 '무한' 따위는 수학자들의 시선 밖에 있었고요. 그러고 보면 선생님이나 아르키메데스 같은 분들이 조금 예외적인 경우이긴 합니다. 어디 한번 제가 원의 면적을 구하는 방식을 들어 보시겠습니까? 원리는 간단합니다. 일단 원을 만들고 반지름을 높이로 하는 삼각형을 작도합니다. 이 때 삼각형 하나의 밑변을 a_1이라고 하면 그 면적은 $S_1 = \frac{1}{2}a_1 r$이 됩니다. 결국 원의 총면적 S는 $S_1 + S_2 + S_3 + S_4 + \cdots\cdots$ 를 모두 합친 것이 되겠죠. 그러니까 $S = \frac{1}{2}a_1 r + \frac{1}{2}a_2 r + \frac{1}{2}a_3 r + \cdots\cdots = \frac{1}{2}r(a_1 + a_2 + a_3 + \cdots\cdots)$가 됩니다. 그러나 현재의 S는 원의 면적보다 크죠. 보시다시피 삼각형의 밑변들이 호의 바깥에 있으니까요. 그런데 여기서 저 밑변을 '무한히' 짧게 한 삼각형들로 원의 내부를 채운다고 생각해 보는 겁니다. 그럼 결국 삼각형 밑변들의 길이를 합친 $a_1 + a_2 + a_3 + a_4 + \cdots\cdots$는 원주 $2\pi r$과 같아지지 않겠습니까? 이걸 대입하면 $S = \frac{1}{2}r(a_1 + a_2 + a_3 + \cdots\cdots) = \frac{1}{2}r(2\pi r) = \pi r^2$이 되는 거죠."

"음…… 듣고 보니 과연 그렇군."

에우독소스는 입으로는 그렇게 말하지만 뭔가 낯선 눈치다.

"그러나 케플러 군. 나는 아직도 '무한'이라는 개념이 확실히 와 닿지가 않는다네. 그러기에는 나와 자네들이 살던 시대의 간격이 너무 크군. 하지만 한 가지, 자네가 원의 면적을 구할 때 쓴 $2\pi r$이라는 원주값은 우리에게 빚진 것이라는 사실을 잊지 말게."

"물론입니다." 케플러가 고개를 끄덕이며 수긍한다.

"역사라는 게 하루아침에 발전하는 게 아니잖습니까. 그 점은 충분히 인

정하고 존경합니다. 선생님의 시대로부터 2000여 년이 흐른 저희가 사는 17세기에는 무한에 대해 보다 분명한 답을 요구하게 됐습니다. 지금 보여 드린 방식의 구분구적법(區分求積法)을 저나 여기 있는 카발리에리 군이 개발해 낸 것도 그런 이유였죠(구분구적법이란 극한의 개념을 이용해 도형을 무한히 구분함으로써 직선과 곡선으로 둘러싸인 평면 도형의 면적, 곡면으로 둘러싸인 입체 도형의 부피를 얻는 방법을 말한다). 그렇지 않은가, 카발리에리 군?"

"그럼요." 지금까지 두 사람의 대화를 듣고만 있던 카발리에리가 마침내 입을 연다.

"17세기에 이르면 선생님이나 케플러 선배처럼 평면에서의 구적 문제만이 아니라 입체에 대한 부피를 구하는 데도 무한 개념이 쓰입니다. 제 자랑 같지만 저는 그 개념을 도입해 사각뿔의 부피(체적)를 구함으로써 한 발 더 나아갔습니다. '각뿔의 부피는 같은 밑변을 가진 각기둥 부피 $\frac{1}{3}$이다'가 답입니다. 쉽죠?"

"오호, 간단하군. 어떻게 그걸 알아냈는가?"

에우독소스의 물음에 카발리에리가 답한다.

"선생님, 이렇게 생각하시면 됩니다. 여기에 정사각뿔이 하나 있습니다. 그 꼭짓점 부분부터 바닥면과 평행이 되도록 무한히 얇은 평면으로 썰어 낸다고 상상해 보세요. 최초의 평면을 한 변이 a인 정사각형이라고 한다면 그 면적은 a^2이 되겠죠? 그다음부터 한 변의 길이를 $2a$, $3a$가 되도록 썰어 나가고, 맨 밑 바닥면의 한 변은 na로 규정하는 겁니다. 그럼 사각뿔의 전체 부피 V_1은 $a^2 + (2a)^2 + (3a)^2 \cdots\cdots + (na)^2$이 됩니다. 곧 $V_1 = a^2(1^2 + 2^2 + 3^2 + \cdots\cdots + n^2)$이 되므로 $V_1 = a^2 \frac{1}{6}n(n+1)(2n+1)$이 성립되는 거죠('$1^2 + 2^2 + 3^2 + \cdots\cdots + n^2$'의 값은 앞에서 구한 바 있다).

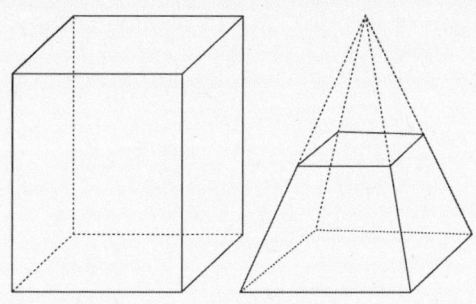

 이제 a^2을 없애기 위해서 각기둥의 부피를 논해 보죠. 이건 더 간단합니다. 앞서 사각뿔의 바닥면 면적인 $(na)^2$을 n번만큼 수직으로 쌓아올린 것이 각기둥의 부피니까요. 이것을 V_2라고 한다면 $V_2 = (na)^2 \times n = a^2n^3$이죠. 그렇다면 '바닥 면적이 같은' 정사각뿔과 각기둥 부피의 비는 어떻게 될까요? $\frac{V_1}{V_2} = a^2 \frac{1}{6} n(n+1)(2n+1) \times \frac{1}{a^2n^3}$, 약분하면 a^2은 사라지고 $\frac{(n+1)(2n+1)}{6n^2}$이 나옵니다. 아직도 완전한 답은 아니죠? 그런데 분자의 괄호에서 n을 밖으로 빼내면 이것은 다시 $\frac{n^2(1+\frac{1}{n})(2+\frac{1}{n})}{6n^2}$ 이 되니까 약분하면 $\frac{1}{6}(1+\frac{1}{n})(2+\frac{1}{n})$입니다. 선생님, 가장 중요한 부분은 여기입니다. n은 입체를 '무한히' 절단한 횟수이므로 $\frac{1}{n} = 0$이 된다는 논리를 이해하시겠습니까? 따라서 $\frac{1}{6} \times (1 + 0) \times (2 + 0) = \frac{1}{6} \times 2 = \frac{1}{3}$이므로, 각뿔의 부피는 같은 밑면을 가진 각기둥 부피의 $\frac{1}{3}$이 되는 겁니다."

 "절묘하군, 절묘해!" 에우독소스의 탄성이 이어진다. 그러나 여전히 미심쩍은 표정은 가시지 않고 있다. 게다가 이내 뭔가가 떠오른 듯 이 늙은 그리스 수학자의 얼굴이 점차 일그러진다.

 "그런데 이보게, 왠지 자네의 말에 논리의 비약이 있는 것 같단 말일세. 케플러 군의 증명도 낯설긴 했지만, 그래도 나와 마찬가지로 평면 위의 도형들을 가지고 면적을 구하는 것이어서 어느 정도는 수긍할 수 있었다네.

자네의 천재적 발상에는 충분히 경탄을 보내네. 그러나 나는 어딘가 못미심쩍은 느낌을 감출 수가 없어. 도대체 어떻게 '입체를 평면으로 분할할 수 있다'라고 하는 건가? 나의 후배 유클리드가 말하길 '면은 길이와 폭만 있는 것이다'라고 했네. 두께가 있는 입체를 평면으로 나눈다는 발상이 말이 되느냔 말일세!"

자연과 우주를 바라보는 관점의 변화는 세계를 표현하는 방식에 일대 전환을 일으켰다. 그런 전환이 있었기에 아킬레스는 거북이를 따라잡을 수 있었고, 인간이 무한을 조작하는 새로운 접근 방식을 착안해 낼 수 있었다. 물론 우리가 상상해 본 에우독소스의 경우처럼 누군가는 이 엄청난 변화 앞에서 현기증을 느꼈을 것이다. 그 현기증에 대해 카발리에리는 만족할 만한 주장을 제시하지 못했다. 또한 입체를 무한히 분할하는 데 어떻게 정해진 답이 나올 수 있는가의 문제에 대해서도, 나누다 보면 '더 이상 나눌 수 없는 분할 불가능 영역'이 나올 거라는 애매한 답을 했을 뿐이다.

김용운 수학문화연구소장은 앞서 에우독소스가 카발리에리에게 제기한 논리적 모순이 다음과 같은 방식으로 간단히 수정된다고 말한다.

"이를테면 입체는 무한소의 두께인 얇은 입체의 집합, 면은 무한소의 폭을 갖는 가느다란 면의 집합, 선은 무한소의 길이를 갖는 선분의 집합으로 생각하면 된다. 말하자면 입체란 얇은 종이가 겹쳐 쌓이면서 만들어진다는 생각이다."

현대인인 당신은 이 말에 아무런 토를 달지 않고 수긍할 수 있는가? 만일 그렇지 않다면, 당신도 그 누군가의 현기증을 이해할 것이다.

5. 도대체 기울기가 무엇이기에?

'움직이는 세계'를 표현하는 수학 언어. 그 핵심은 미분이다. 좀 더 자세한 원리를 알아보자. 순간 속도를 알고자 한다면 '접선의 기울기'를 알아야만 한다. 어떤 사물의 운동이나 변화를 나타내는 그래프의 함수 $y=f(x)$를 '미분'하면 우리는 접선의 기울기를 얻을 수 있다. 한 가지 더! 기울기라고 표현하면 그저 '각도'만을 생각하는 경우가 있는데, 이것 역시 그래프로 나타낼 수 있는 함수임을 명심하라는 것이다. 그래서 기울기를 '도함수'라 부르고 $y=f'(x)$라고 쓰는 것이다. 그 원리는 다음과 같다.

x축을 시간, y축을 거리로 하고 이 때의 함수를 $y=x^2$으로 가정한 그래프이다. x와 $x+k$를 함수에 대입하면 각각 x^2, $(x+k)^2$이 된다. 따라서 P와 Q는 (x, x^2)과 $[(x+k),$

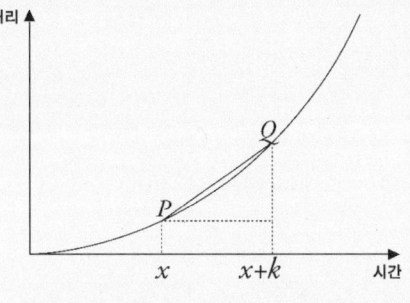

$(x+k)^2]$을 좌표값으로 갖는 점이다. 이 때 $\overline{PQ}$가 x축과 이루는 각도(이래서 '기울기'라는 말을 쓰는 것이다)는 해당 구간 내에서의 '$\dfrac{y의\ 변화량}{x의\ 변화량}$'이므로 여기에서는 '$\dfrac{거리의\ 변화량}{시간의\ 변화량}$ = 평균 속도'가 된다. 따라서 $\overline{PQ}$의 기울기는 $\dfrac{(x+k)^2-x^2}{(x+k)-x} = \dfrac{(x+k)^2-x^2}{k} = \dfrac{2xk+k^2}{k}$, 약분하면 $2x+k$이다.

그런데 미분이란 접선의 기울기를 구하는 것이 아닌가. 현재의 $\overline{PQ}$는 호의 할선이지 접선은 아니다. 이제 점 Q를 P쪽으로 무한히 다가서게 하자. 두 점 사이가 극한까지 가까워지면 P와 Q를 지나는 직선은 $y=x^2$의 곡선과 점 P에서 만날 것이다. 이 때 접선은 곡선과 직각을 이루며(직각이 아니라면 또 다른 교점이 생길 테니까), $x+k$에서 k의 값은 '0'에 가까워진다. 그러므로 위의 $2x+k$는 $2x+0=2x$가 된다. 이것이 $f(x)=x^2$의 도함수 $f'(x)=2x$다. 다시 말해 직선 $y=2x$는 점 P에서 $y=x^2$의 접선이다.

그런데 아무래도 이상하지 않은가? $k=0$이라면 수식 $\frac{2xk+k^2}{k}=\frac{0+0}{0}=0$이 되어 기울기 $2x$를 구할 수가 없기 때문이다. 여기에는 논리의 비약이 숨어 있다. 곧 k는 0을 향해 극한으로 치달아 갈 뿐 0은 아니라는 것이다. 그러므로 앞서의 수식은 안전하게 진행될 수 있다. 다만 그런 과정을 거쳐 나온 $2x+k$에서는 0으로 무한히 다가서는 k를 이제는 0으로 '받아들이자'는 것이다(수학적으로 표현하면 함수값 $f(x)$가 일정한 값 a에 한없이 가까워질 때 함수 $y=f(x)$는 a에 '수렴'한다). 미적분학이 창시된 17세기에 많은 지성인이 그 논리적 근거에 대해 의문을 품었던 이유가 여기에 있다. 얼마나 의심스러웠으면 미적분의 탄생 이후 '극한(極限)'과 '수렴(收斂)' 개념이 정립되기까지 2세기나 흘렀을까.

이런 골칫거리를 받아들이면서까지 미분을 해야 하는 이유가 있을까? 그 대답은 제5부의 주제와 관계가 있다. 그렇다. '움직이는 세계를 포착하기 위해서'다.

6. 동전의 양면, 미분과 적분 사이

미분학이 17세기 수학자들의 천재성에 따른 산물이라면, 적분학은 에우독소스의 소진법까지 거슬러 올라가는 꽤 오랜 수학적 전통 속에 자리한다. 기본적인 원리는 케플러, 카발리에리의 구분구적법과 같다. 제시된 그래프처럼 x축의 0에서 k_n까지 k의 폭만큼 분할해서 각각의 직사각형 면적을 구한다. n이 무한히 늘어날수록 직사각형 폭의 합은 점점 더 곡선 $y = x^2$과 같아질 것이다. 이

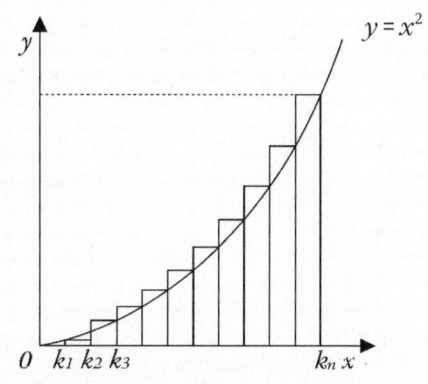

때의 직사각형 면적의 합이 저 구간에서의 적분값이다. '정적분'이란 이처럼 함수 $f(x)$의 곡선이 x축의 '정해진 범위(닫힌 구간)' 내에서 이루는 면적을 구하는 것이다. [그림 3]에서 채색된 부분이 정적분을 나타내는 면적이다. 라이프니츠가 제안한 기호에 따르면, 구간 $[a, b]$에 대한 함수 $f(x)$의 정적분 값은 $\int_a^b f(x)dx$라고 표현된다. 이 말은 a에서 b에 이르는 구간 안에서 x의 변화량(dx)과 $f(x)$의 변화량을 곱한 면적을 뜻하는 것이다(정적분은 상수 a와 b를 $f(x)$에 대입한 값이므로 역시 상수로 주어진다). 적분 기호 '인테그럴($\int$)'은 '합'을 뜻하는 라틴어 수마^{Summa}의 S를 변형시킨 것이고, 미분 기호인 d도 '변화량'을 뜻하는 라틴어 디페렌티아^{Differentia}에서 가져온 것이다. 어쨌든 정적분 자체만 보면 이전의 구분구적법과 크게 다르지 않다. 그러나 미분과 함께 미적분학을 완성시키는 두 번째 요소로서의 적분을 얘기하려면 '부정적분'이 꼭 필요하다.

그림 3

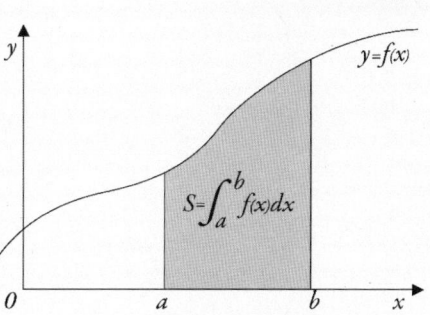

부정적분은 말 그대로 '정해진 범위가 없는' 적분이다. [그

림 4]과 [그림 5]에서처럼 '임의의' x에 따라 값이 변하므로 이것은 상수가 아닌 함수의 형태를 가진다. 부정적분 공식을 알기 전에 먼저 이해해야 할 것이 있다. 함수 $S(x)$에서 $x+k$를 변수로 하면 $S(x+k)$의 값은 원래의 면적 $S(x)$에다 늘어난 직사각형 면적 $k \times f(x)$를 더한 것과 근사해진다(직사각형의 면적은 곡선 아래의 부분보다 크기 때문에 근사값일 수밖에 없다. 근사값은 '≈'로 표시한다).

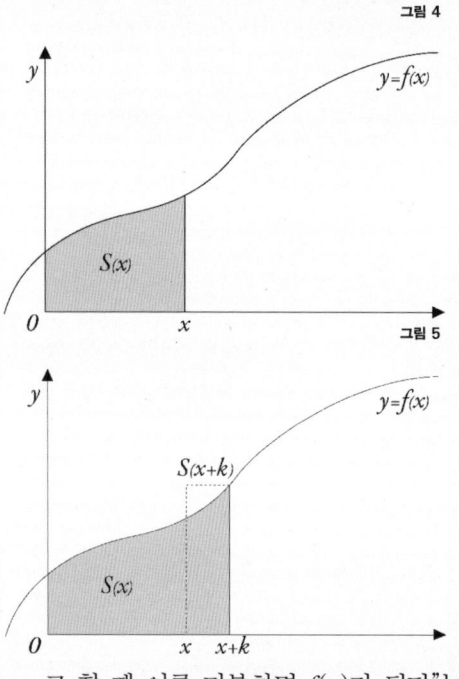

그림 4

그림 5

$S(x+k) \approx S(x) + k \times f(x)$, 이것을 정리해 보면 $f(x) \approx \dfrac{S(x+k) - S(x)}{k}$가 된다. 미분에서 많이 보던 형태다. 여기에서 k가 무한소(극한)인 0으로 다가설 때 근사값은 점점 줄어들게 되므로 $f(x) = \dfrac{S(x+k) - S(x)}{k}$가 되어가는 것이다. 다시 말해 이 수식은 함수 $S(x)$를 미분하면 도함수는 $f(x)$가 된다는 말이다. 곧 $f(x) = S'(x)$. 라이프니츠 식으로 하면, "원시 함수를 $S(x)$로 할 때 이를 미분하면 $f(x)$가 된다"는 $\dfrac{d}{dx}S'(x) = S'(x) = f(x)$로, "이 때의 $f(x)$를 부정적분하면 $S(x)$가 된다"는 $\int f(x)dx = S(x) + D$(D는 상수)로 표현된다.

그래프 상에서 '정해진 구간 내의' 실제 면적을 구하는 것은 정적분에 따른 것이다. 부정적분은 어떤 도함수의 원시 함수를 찾기 위해서 필요한 것이다. $f(x)$가 도함수일 경우 "x축의 정해진 구간 $[a, b]$에서 원시 함수 $S(x)$의 정적분을 구하라"고 하면 어떻게 할 것인가. 결국 $S(x)$를 찾아야 하는데, 이럴 경우 부정적분의 공식을 알아야 한다. 라이프니츠는 $f(x) = ax^n$의 미분 함수(기울기)를 찾는 기본 공식 $dax^n = an \times x^{n-1}$($n$이 실수일 경우)을 최초로 제시한 적이 있다(원래는 $dx^n = n \times x^{n-1}$이다. 상수 a는 설명의 편의를 위해 붙인 것이다). 이 공식을 이용하면 $f(x) = 3x^3$이라는 함수가 있을 때(다항식이어도 동일하게 적용된다), 이것의 미분 함수는 $y = 3 \times 3 \times x^{3-1} = 9x^2$이 된다. 역으로 $f(x) = 9x^2$의 원시 함수를 찾기 위해서는 부정적분 공식 $\frac{a}{n+1}x^{n+1} + D$(D는 상수)를 써야 한다. 곧 $\frac{a}{n+1}x^{2+1} + D$이므로 $f(x) = 3x^3 + D$다. 예를 들면 $y = 3$이란 그래프는 그래프의 원점에서 y축으로 3만큼 떨어져 x축과 평행한 선일 뿐이므로 기울기가 없다. 0이 되는 것이다. 상수를 미분하면 0이 되는 원리가 바로 여기에 있다. 앞의 설명에서 $f(x) = 9x^2$를 부정적분했을 때 원시 함수가 $S(x) = 3x^3$이 아닌 $3x^3 + D$가 되는 것도 이런 맥락에서 이해해야 한다. 도함수만이 주어졌을 경우 원시 함수에는 어떤 상수가 붙을지 모른다. 어차피 미분하면 상수는 0이 되므로 다시 도함수의 꼴대로 돌아오게 된다.

　자, 정리해 보자. 적분에는 정적분과 부정적분이 있다. 부정적분은 그냥 $\int$로만 표기한다. 우리는 $S(x)$를 미분하면 $f(x)$가 나오고, 다시 $f(x)$를 미분하면 $f'(x)$가 나온다는 것을 알고 있다. 이 관계를 역으로 연산하면(부정적분을 하면) $f'(x) \rightarrow f(x) + C \rightarrow S(x) + D$($C$, D는 상수)의 관계가 성립된다. 그래서 역함수 관계라는 말을 쓰는 것이다. 이 때 $f(x)$를 도함수로 갖는 $S(x)$를 '원시 함수'라고 부른다. $f(x)$ 역시 $f'(x)$의 원시 함수가 되는 것이다. 흔히들 미분과 적분 사이에는 '역함수' 관계가 성립된다고 하는데, 정확히 말하면 미분과 부정적분 사이에만 성립한다. 미적분을 알려면 이런 기본 원리를 이해해야 한다.

7. 미적분 발명 이후

뉴턴과 라이프니츠에 의해 미적분이 창시된 것은 17세기였다. 그러나 이 혁명적인 발명품은 상당히 오랜 기간의 이론적 단련 과정을 거쳐야만 했다. 순간 변화율, 곧 기울기를 구하기 위해 우리는 곡선상의 두 점을 극한까지 조이는 방법을 익혔다. 그러나 "극한까지 다가서면 0으로 수렴된다"라는 논리는 당대로부터 2세기가 지난 시기까지 거센 이론적 도전에 부딪혔다. 18세기의 철학자 버클리는 미적분의 극한 개념을 이렇게 비꼬았다.

"또한 이 흐르는 정도는 무엇인가? 사라지는 증가량의 속도이다. 그렇다면 이 사라지는 증가량은 도대체 무엇인가? 그것은 유한한 크기도 아니고 무한히 작은 크기도 아니고, 아무것도 아닌 것도 아니다. 그렇다면 우리는 그것을 떠나간 크기의 유령이라고 불러도 좋지 않을까?"

뉴턴과 라이프니츠가 미적분학을 창시하며 위대한 업적을 세운 것은 맞다. 그러나 이들 역시 '극한'의 개념을 정확히 파악하지 못했다고 한다. 라이프니츠의 '무한소'나 (버클리가 '사라지는 증가량'이라고 표현한) 뉴턴의 '극미한 증가분의 비율'은 당대에 미해결의 문제로 남게 되었다. 카발리에리가 에우독소스의 의문을 해결할 수 없었던 것처럼 이들이 정립한 개념으로는 버클리의 냉소를 피할 수 없었다. 이미 말했듯이 미적분의 극한과 수렴 개념이 완전하게 정립된 것은 19세기의 천재 수학자 코시, 바이어슈트라스에 이르러서였다. 케이스 데블린이 남긴 말이 적확한 표현으로 마음에 와 닿지 않은가.

"위대한 수학자들은 경이로운 업적을 이룰 수 있다. 그러나 그들 역시 사람이다. 인지적 발전에는 세월이 필요하다. 때로는 여러 세대가 필요하다."

저명한 수학 저술가인 모리스 클라인의 말처럼 과거에 수학은 '무모순성'으로 대변되는 불변의 진리 위에 세워져 있었다. 그러나 20세기 수학자 쿠르트 괴델이 「불완전성의 정리」를 발표했을 때, 수학은 절대 불변의 근거를 잃고 말았다. 클라인 박사의 말에 따르면 "괴델은 지금까지 이뤄 놓은 성과들을 의문시할 만큼 상당히 의심스러운 논리학 원리들을 도입하지 않고는 수학의 무모순성이 증명되지 않는다는 사실을 밝혀" 냈기 때문이다. 어쩌면 17세기부터 '다루기' 시작한 무한의 개념도 그처럼 '상당히 의심스러운 논리학 원리들'의 하나에 속하는 것인지도 모른다. 무한을 길들이는 방식, 인간은 이것을 자명한 공리의 영역에서 추출한 것이 아니라 정신의 자궁 속으로 새롭게 착상시킨 것이다.

수학에서 공리는 요지부동했고 정리는 명료했다. 그러나 세계는 변화했으며, 세계가 인간 정신의 변화를 추동하면 인간 역시 세계를 새롭게 규정했다. 정적인 영역을 박차고 나와 변화하는 세계 속으로 뛰어든 수학, 여기에는 논리적 위험과 더불어 그것이 불러오는 정신의 지각 변동이 따를 것이다. 그리고 문명은 그렇게 발전해 나갈 것이다.

이제 수학자의 노트에서 세계는 움직이기 시작했다. 그리고 그것을 가능케 한 것은 수학의 정신 자체가 거대한 운동을 시작했기 때문일 것이다. 미적분의 역사는 그것을 드러내는 단적인 예일 것이다. 모리스 클라인의 도전적인 평가가 말해 주듯이 말이다.

이제 우리는 논리보다 직관과 물리적 논쟁들을 통해 뉴턴과 라이프니츠가 올바른 길을 걷게 됐음을 알았다. 주요한 아이디어를 처음 만든 사람들의 사고가 불완전한 것은 쉽사리 예상되는 바이다. 개척자들은 지적인 모험을 감행하면서 반짝이는 섬광이 아주 짧게 비추는 길을 따라 큰 걸음으로 성큼성큼 걸어간다. 만약 사소한 것들에 시간을 들여 가면서 관찰하느라 시간을 지체했다면 그들의 진보는 근시안적인 학자들의 까다롭고 자잘한 발걸음에 그쳤을지도 모른다. 그러나 미적분학의 역사는 수학에서 진보가 어떻게 이뤄지고 있는가를 보여 준다는 점에서 많은 것을 시사한다고 말할 수 있다. 완벽하게 추론하고 곧바로 결론을 내리는 통상적인 수학자에 대한 개념이 미적분학 창시자들의 경우만큼이나 아주 현격하게 역사와 모순되는 것도 없을 것이다.

제6부
남겨진 문제들

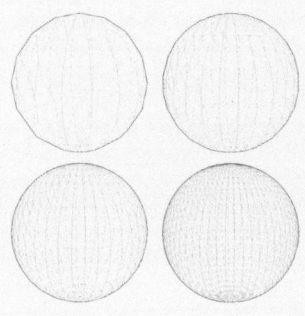

1. 페르마의 마지막 정리, 그 서막 부분

"나는 경이로운 방법으로 이것을 증명했다. 하지만 여백이 좁아서 여기에 다 옮겨 쓰지는 않겠다."

자신의 말처럼 페르마가 정말로 $a^n + b^n \neq c^n (n > 2)$를 증명했을까? 앞서 이야기했듯이 그가 $n = 4$일 경우에 증명한 것은 맞다. 그것도 정리된 증명이 아니라 메모일 뿐이었지만 말이다. 그래도 웬만한 프로 수학자들이라면 그것만 보고 정리를 완성할 정도는 되었다고 한다. 오일러가 페르마의 마지막 정리에 도전했던 18세기, 몇몇 사람이 페르마의 옛 집을 샅샅이 뒤진 적이 있다. 그러나 끝내 완전한 증명은 찾을 수 없었다.

어떤 수학자는 이런 말을 했다. "페르마가 정말로 증명을 완성했다고 해도 아마추어적인 발상이었을 것이다!" 이 문제를 푼 앤드루 와일스의 생각은 어떨까? 그조차 "20세기의 수학을 동원하지 않으면 풀 수 없는 문제다"라면서 페르마의 증명에 대해 '불가능하다'는 견해를 제시했다.

오일러, 제르맹처럼 페르마에 도전했던 사람들 대개가 일부분의 성공만 거둔 채로 물러섰다. 타니야마와 시무라 같은 수학자들도 있었다. 그들의 추론은 사실 페르마의 마지막 정리와는 전혀 관계가 없었다. 그러나 잊지 말아야 할 것이 있다. 그들이 남긴 자취가 앤드루 와일스에게 사막에서 길을 찾는 별자리가 되었음을 말이다. 그 모든 자취를 살핀다는 것은 무리다. 그러니 페르마의 마지막 정리를 증명하는 데 직접적인 영향을 미친 몇 가지만 살펴보기로 하자.

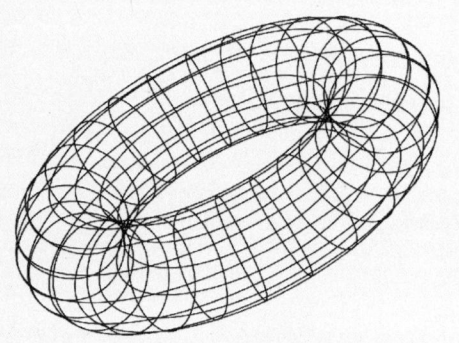

첫 번째, 앤드루 와일스가 연구했던 '타원곡선Elliptic Curve'이다. 이름만 들어서는 2차원 평면 곡선을 떠올릴지도 모른다. 그러나 하버드대 수학과 교수를 지낸 배리 마주르 박사의 설명으로는 그게 아닌 듯하다.

"처음 듣는 이름일 수도 있어요. 어쨌든 매우 중요한 것입니다. 이것은 타원이 아니에요. 3차 곡선인데, 그 해집합이 도넛과 같은 모양을 이룹니다."

우리는 데카르트의 2차원 평면에서 함수 x를 만족시키는 해집합이 직선이나 곡선의 자취를 만드는 것을 보았다. 비록 2차원 평면으로 표현될 수는 있어도 타원곡선은 3차원의 기하학 영역이다. 3차원 형상인 구(球)도 2차원의 원(圓)으로 표현되곤 하지 않던가.

타니야마와 시무라는 이런 타원곡선을 두고 하나의 주장을 폈다. "모든 타원곡선은 모듈의 형태로 바꿀 수 있다." 이제 우리는 두 번째 분야인 '모듈러 형식'에 대해 알아봐야 한다. 모듈러 형식이란 대칭성이 아주 풍부한 함수를 말한다. 다음 그림을 보자.

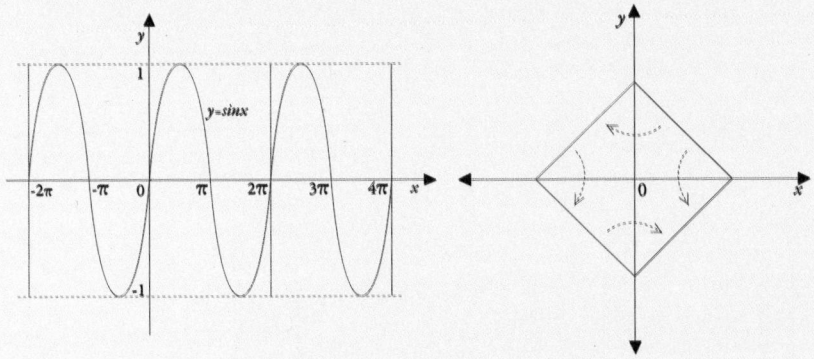

위의 그림은 사인함수의 그래프이다. x축을 기준으로 곡선이 상하 대칭을 이루며 퍼져 나간다. 오른쪽의 정사각형은 원점을 기준으로 아무리 돌려 봐야 원래의 형태가 변하지 않는다. 이처럼 어떤 도형이나 식에 일정한 조작을 가해도 아무런 변화가 일어나지 않을 때 수학에서는 "대칭성을 갖는다"라고 말한다. 사인함수의 그래프처럼 옆으로 퍼져 나가는 경우 '병진 대칭성', 왼쪽 정사각형 그래프의 경우에는 '회전 대칭성'을 갖는다고 말한다. 타니야마와 시무라의 추론은 타원곡선과 모듈러 형식이 '제타 함수'라고 불리는 특정한 대수식으로 '똑같이' 표현될 수 있다는 것이다. 제타 함수란 그리스 문자 제타(ζ)를 써서 $\zeta(x)$라고 쓴다. 우리가 일반적으로 쓰는 $f(x)$와 본질적으로 같다.

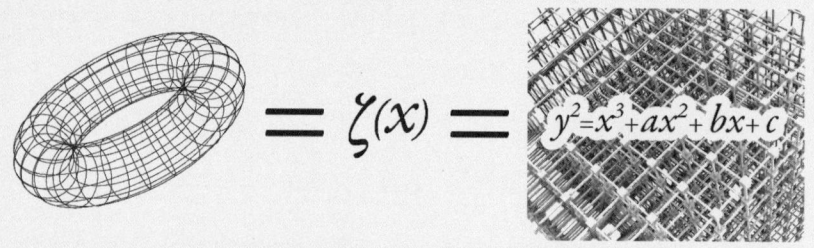

이 흥미로운 추론은 많은 수학자의 관심을 불러일으켰다. 그들이 쏟아 낸 논문만도 수백 편에 달한다. 그러나 추론은 추론일 뿐이다. 증명되지 않으면 소용이 없다. 게다가 여기까지는 페르마의 마지막 정리와는 아무런 관계가 없다. 타니야마와 시무라의 추론을 페르마와 연결시킨 결정적 힌트는 조금 엉뚱한 순간에 나왔다.

"$A^n + B^n \neq C^n (n > 2)$. 이것은 n이 3 이상일 때 A, B, C를 만족하는 자연수가 존재하지 않는다는 뜻입니다."

그 순간 사람들이 웅성거렸다. 타원 방정식의 연구 성과를 발표하는 자리에서 갑자기 웬 페르마의 정리란 말인가. 게르하르트 프레이는 사람들의 소곤거림에 아랑곳하지 않고 또 다른 설명을 덧붙였다.

"이 방정식에서 $A^n + B^n \neq C^n$이 아닌 $A^n + B^n = C^n$의 경우를 생각해 봅시다. 이것은 페르마의 정리가 틀렸다고 가정한다는 의미입니다. 그럴 경우 $A^n + B^n = C^n$을 다음과 같이 특수한 타원 방정식으로 변형할 수 있습니다."

프레이가 복잡한 대수학적 절차를 거쳐 도출해 낸 타원 방정식은 우리가 앤드루 와일스의 증명에서 본 바로 그 수식이었다.

$$y^2 = x^3 + (A^n - B^n)x^2 - A^n B$$

프레이는 이 타원곡선이 '아주 괴상한 성질'을 갖는다고 설명했다. 타니야마-시무라의 추론에 위배되는 특성을 지녔기 때문이다. "모든 타원곡선을 모듈러의 형식으로 전환할 수 있다." 그러나 이 타원곡선은 모듈의 형식으로 전환할 수가 없다. 프레이가 '페르마의 정리가 거짓이라 치고' 얻은 타원곡선, 이것이 불러일으킨 반향은 굉장했다. 페르마의 마지막 정리를 증명하는 데 결정적 단서가 되었기 때문이다.

"다시 말해 페르마의 마지막 정리가 거짓이라면 '타니야마-시무라 추론'도 거짓이 된다는 것이죠. 이 말을 뒤집어 보면 타니야마-시무라 추론이 참일 경우 페르마의 마지막 정리 역시 참이 된다는 것입니다."

훗날 프레이의 논리적 오류를 수정해 이 명제를 완벽히 증명한 켄 리벳 교수의 말이다. 앤드루 와일스는 리벳의 증명 사실을 알게 됐을 때 마치 감전된 듯한 느낌을 받았다고 한다. 이제 타니야마-시무라 추론만 증명하면 페르마의 마지막 정리는 저절로 증명될 터였다. 마침내 와일스의 전공인 타원곡선 분야에 문제 해결의 키포인트가 놓인 것이다.

2. 슬쩍 들여다본 위상수학 그리고 페렐만의 증명

레오나르도 다빈치 같은 유형의 천재 수학자인 앙리 푸앵카레는 현대 수학이 세분화되기 이전 거의 모든 분야의 수학에 통달했던 마지막 천재였다. 학자들은 특히 '대수적 위상수학'에 대한 그의 공헌을 강조한다. 위상수학은 위상기하학, 토폴로지Topology라고도 부르는데, '위치'와 '형상'에 대한 수학 분야 정도로 이해해 두자. '푸앵카레의 추측'에서 비교한 공과 컵을 떠올려 보라. 그 때 우리는 구멍이 하나인 컵과 도넛이 위상수학적으로는 같다는 것을 알게 됐다. 닫혀 있는 물체인 공과는 달랐다. 그리스 기하학 그리고 뉴턴과 라이프니츠에서 연원한 미분기하학, 이 분야의 수학은 도형에 대해 아주 엄밀한 잣대를 들이댔다. 정삼각형과 직각 삼각형이 달랐고, 사면체와 육면체도 완전히 달랐다. 꼭짓점과 변의 개수, 길이와 각도, 곡선의 기울기에 따라 기하 도형에는 서로 다른 이름이 붙여졌다. 푸앵카레는 그런 수학적 질서가 너무 경직돼 있다고 느낀 사람이었다. 그는 고차원적인 세계를 이해하는 데 한계가 있다는 생각도 했다.

"미분기하학으로는 막연한 우주의 모양을 이해할 수 없다. 완전히 다른 발상이 필요하다."

푸앵카레로 말미암아 시각의 변화가 생겨났다. 이제 구멍 없이 닫힌 도형들은 그것이 정사면체든 정이십면체든 모두 구와 같아졌다. 이런 동치 관계를 위상수학에서는 '위상동형'이라고 부른다.

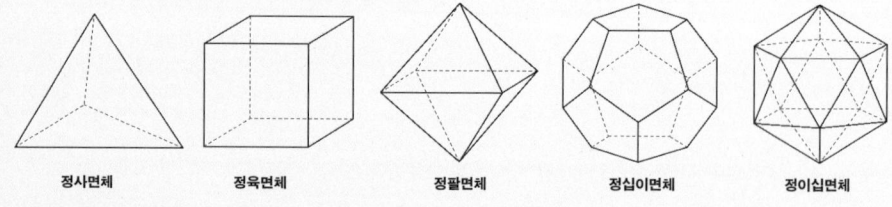

정사면체   정육면체   정팔면체   정십이면체   정이십면체

위상수학은 18세기에 시작되었다. 쾨니히스베르크의 다리! 그렇다, 오일러이다. 위치의 관계를 따지는 위상수학의 첫걸음이었다. 그로부터 14년이 지나고 오일러는 다시 위치의 문제와 마주하게 되었다. 정다면체를 연구하

던 중에 뜻밖의 공식을 발견한 것이다.

"희한하군. '(꼭짓점의 개수) - (변의 개수) + (면의 개수)'를 하니까 언제나 2가 나오네?"

정사면체 : 꼭짓점 4, 변 6, 면 4   →   4 - 6 + 4 = 2
정육면체 : 꼭짓점 8, 변 12, 면 6   →   8 - 12 + 6 = 2
정팔면체 : 꼭짓점 6, 변 12, 면 8   →   6 - 12 + 8 = 2
……

그의 공식은 어떤 다면체에도 정확히 들어맞았다. 여기서 나온 2를 '오일러 지표'라고 부른다. 그러나 이 공식에는 하나의 오류가 숨어 있다. 이처럼 정다면체 내부에 터널이나 빈 공간, 구멍 따위가 있을 경우에는 2가 답이

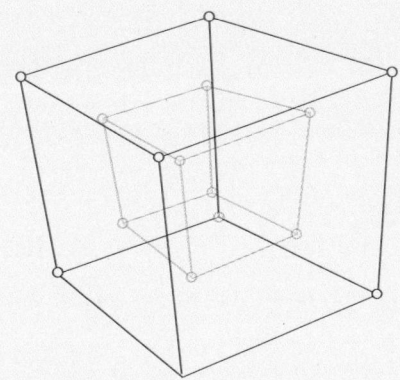

되지 않기 때문이다. 그림의 도형은 꼭짓점이 16개, 변이 24개, 면이 12개이다. 공식에 대입해 보면 16 - 24 + 12는 2가 아닌 4이다. 이 결함을 메우는 건 스위스 수학자 륄리에의 몫이었다. 그가 정립한 공식은 이렇다.

2 + (빈 공간의 개수) × 2

문제의 도형은 내부의 빈 공간이 1개이므로 2 + 1 × 2 = 4가 된다. 륄리에의 공식은 이처럼 다면체 내부에 존재하는 '빈 공간의 개수'에 따라 오일러 지표를 규정한다. 내부의 다면체가 어떤 형태이든 중요한 것은 빈 공간의 개수이다. 이 때의 꼭짓점, 변, 면의 개수를 최초의 오일러 공식에 대입해 보라. 륄리에의 공식과 같은 결과가 나온다는 것을 확인할 수 있다(물론 입체 내부의 공간 외에 돌출된 부분이나 움푹 패인 부분이 있을 경우에는 다른 식이 필요하다).

1847년에 요한 베네딕트 리스팅이 『위상수학 입문』을 출간했다. 오일러와 륄리에에 의해 발전돼 온 위치 계산 방식은 이 때부터 오늘날의 이름을 갖게 됐다. 위상수학의 발전은 계속해서 이어졌다. 리스팅 이후 '뫼비우스의 띠'로 유명한 뫼비우스가 있었고, 19세기 후반에 이르러 이탈리아의 엔리코 베티가 등장했다. 그는 입체와 곡면의 연결성을 세는 '베티 수'를 개발해 냈다. 20세기 초반부터 제임스 워델 알렉산더를 통해 발전된 '매듭 이론(수학적으로 매듭을 연구하는 분야)' 역시 위상수학의 한 분야였다.

그리고 앙리 푸앵카레가 있었다. 그는 1895년에 논문 「위치의 분석」을 발표한 후 20세기 초반까지 보충 논문을 계속 발표했다. 데카르트가 그리스 기하학에 대수학을 접목시켰다면 푸앵카레는 위상기하학을 대수학으로 환원한 인물이다. 이는 그가 현대 위상수학의 정립에 결정적인 공헌을 했다고 평가받는 이유이다. 푸앵카레 이후 1960년대부터 위상수학은 수학의 왕좌를 차지했다.

손잡이가 1개인 컵은 도넛과 위상동형이다. 구멍이 없는(닫혀 있는) 정육면체는 공과 위상동형이다. 푸앵카레에게 있어 중요한 것은 대상의 본질이었다. 겉은 달라 보여도 본질만 같으면 하나의 이름을 가질 수 있다. 그가 말하지 않았던가. "수학이란 각기 다른 사항에 동일한 명칭을 주는 기술이다"라고 말이다. '푸앵카레의 추측'도 그런 맥락에서 나왔다. "구멍이 없고 유한한 3차원의 어떤 우주를 다른 모양으로 변형시킬 수 있지 않을까?" 과연 우주는 어떤 모양과 위상동형일까? 푸앵카레는 그것이 3차원 구의 표면이라고 생각했다. 페렐만은 여기에 "당신이 옳습니다"라고 답한다.

페렐만의 증명이 나왔을 때 수많은 위상수학자는 경악을 금치 못했다. 그가 위상수학자가 아닌 미분기하학자였기 때문이다. 당연히 그의 증명에는 미분기하학 이론들 그리고 에너지, 엔트로피, 온도와 같은 물리학 개념들이 주축을 이룬다. 존 모건 박사의 고백은 당시 위상수학자들의 당혹감을 잘 말해 주고 있다.

"위상수학자들은 '아, 마침내 푸앵카레 추측이 증명됐다. 하지만 우리는 그 증명을 전혀 이해할 수가 없다. 누가 좀 도와줘!'라는 느낌이 들었다."

그러나 위상수학 이론이 빠졌다고 생각하면 오해다. 윌리엄 서스턴의 '기하학화 추측'이 있다. 그의 추론이 페렐만의 증명 과정에서 차지하는 위치는 대단하다. 푸앵카레 추측이 제시된 후 100년 간 많은 사람이 증명에 나섰다. 서스턴 박사의 추론은 매우 흥미로운 것이었는데, 이는 그가 보여 준 관점의 전환에서 나온 산물이었다. 윌리엄 서스턴은 다른 사람들처럼 우주 공간 속으로 로켓을 날려서 밧줄을 회수하는 데만 집착하지 않았다. 그는 오히려 '만일 밧줄을 회수할 수 없다면 우주는 어떤 형태일까?'라는 생각을 했다. 오랜 연구 끝에 그가 내린 결론은 이것이었다.

"우주가 어떤 형태이든 그것은 8개의 기본적인 소다양체로 구성된다."

여기서 소다양체란 자연수의 소수처럼 바탕(素)을 이루는 기본형을 말한다. 변화무쌍한 우주의 모습도 결국 이 8개의 기본형이 빚어 내는 양상일 뿐이라는 것이다. 이 추론은 푸앵카레 추측에 상당히 큰 영향을 미쳤다. 가스가 마사히토는 『100년의 난제, 푸앵카레 추측은 어떻게 풀렸을까』에서 그것에 대해 다음과 같이 말한다.

"수학자들은 우주의 단편 중 하나라도 '둥글지 않은' 형태가 포함되어 있을 경우 밧줄이 걸려 회수할 수 없다는 사실을 깨달았던 것이다. 다시 말해 기하화 추측이 참이라면 밧줄을 회수할 수 있는 우주는 단 하나, 푸앵카레 추측대로 둥근 모양으로 만들어진 우주뿐이다. 이렇게 해서 서스턴의 기하학화 추측을 증명할 수 있다면 동시에 푸앵카레 추측도 증명할 수 있다는 것이 명확해졌다."

그러나 문제는 우주를 8개의 기본형으로 깔끔하게 나누기가 어렵다는 데 있었다. 그것을 안정화시키고(쭈그러지거나 패인 부분을 펴고) '특이성'이라고 불리는 난점을 제거해야만 했다. 여기에 필요한 것이 리처드 해밀튼의 리치 흐름방정식이었다.

$$\frac{\partial}{\partial t} g_{ij} = -2R_{ij}$$

방정식의 의미를 속속들이 알려면 관련 논문 여러 편이 필요할 것이다. 무리하지 말고 대략적인 의미만 간추려 보자.

"우주의 형태에 어떤 변화를 가하면서 시간을 흐르게 하면, 복잡한 우주를 깔끔한 형태로 정리할 수 있게 해준다."

그러나 우주의 형태를 변화시킬 때 자칫 조절에 실패하는 경우가 생길 수도 있다. 이럴 경우 다양체가 훼손되는 '특이성' 현상이 발생한다. 페렐만은 리치 흐름방정식을 이용해 우주의 형태를 변화시키는 한편, 필요한 만큼 특이성을 제거해 나갔다. 그 과정의 끝에 남은 것은 구면뿐이었다. 3차원 구의 표면! 푸앵카레 추측은 이처럼 소리 소문 없이 입증돼 버렸다.

"구멍이 없고 유한한 3차원의 어떤 우주는 3차원 구면과 위상동형이다."

에필로그

"수학에서 제가 겪은 경험을 비유해 보자면,
불 꺼진 집에 들어섰을 때와 비슷합니다.
어두운 방에 들어갑니다. 완전히 캄캄하죠.
이리저리 움직이면 가구들이 발에 차이는 걸 느껴요.
그러다 보면 조금씩 어둠에 익숙해집니다.
가구들의 위치가 감에 잡히고요.
마침내 반 년쯤 지나 전등을 찾아 켭니다. 갑자기 밝아지죠.

자신이 어디에 있는지
정확히 알게 됩니다."

앤드루 와일스처럼 천재적인 수학자도
미지의 영역 앞에선 더듬거릴 수밖에 없다.

우리 삶은 이처럼
오래 더듬고, 때론 장애물에 차이며,
조금씩 나아갈 뿐이다.

그것은 세상의 오의(奧義)를 깨닫고 싶은 자,

인간에게 주어진 숙명이다.

그 숙명을 마땅히 여기며 나아가려는

지적 호기심 역시 인간만의 것.

오랜 노력 끝에
우리는 조금씩
'전등을 켠' 세계의 내부를 들여다볼 것이다.

수는 어디서 시작되었을까?

이 질문으로 시작한 우리의 여정은
우주의 형태를 고민하는 데까지 왔다.
그동안 우리는
수많은 수학자를 만났고
그들의 삶을 살펴보았다.

고대 문명에서는 수의 기원을 헤아렸다.
이오니아 해의 여명처럼
그리스 이성이 떠오르는 광경을 목격했고,
인도의 천구 위로 빛나던 신성의 숫자들도 보았다.
아랍은 그 모든 세계를 용광로처럼 녹였다.
그 후 격동하는 인간 정신은
마침내 '무한'과 '운동'을 손에 넣었다.

그리고
그 모든 지적 DNA를 물려받은 우리는
마이크로(Micro)와 마크로(Macro)의 세계를 넘나든다.

정밀한 수론의 지식과
광대한 우주를 상상하는 힘은
온전히 우리 것이 되었다.

수학자들은 문제를 푸는 사람이 아니라
문제를 만드는 사람이다.
지금도 푼 문제보다는
풀리지 않은 문제가 훨씬 많다.

그리고
그 모든 문제는
우리를 앞으로 나아가게 할 것이다.

먼 여정 끝에 다시 돌아온 자리.
모든 게 여전해 보이지만,
이전과는 분명 다른 세상일 것이다.

"
당신은
즐거웠는가?
"

"내가 더 멀리 볼 수 있다면 그것은
내가 거인들의 어깨 위에 서 있기 때문이다."

아이작 뉴턴의 말처럼,

우리는 그렇게 더 높은 어깨를 딛고서

또 다른 세상을 열망할 것이다.

그 때 우리의 여정도
다시 시작될지 모르겠다.

참고 자료

문헌 국내 저자부터 가나다 순

- 계영희, 『계영희 교수의 명화와 함께 떠나는 수학사 여행』, 살림, 2006.
- 김용운, 『김용운의 수학사』, 살림, 2013.
- 김용운·김용국, 『재미있는 수학 여행』(1~3권), 김영사, 2007.
- 김흥종, 『문명, 수학의 필하모니』, 효형, 2009.
- 백석윤, 『피타고라스가 들려주는 피타고라스의 정리 이야기』, 자음과모음, 2007.
- 서규석 엮음, 『이집트 사자(死者)의 서(書)』, 문학동네, 1999.
- 이희수, 『이희수 교수의 이슬람: 9·11 테러 10년과 달라진 이슬람 세계』, 청아, 2011.
- 가스가 마사히토, 『100년의 난제, 푸앵카레 추측은 어떻게 풀었을까?』, 살림, 2009.
- 데이비드 벌린스키, 『수학의 역사』, 을유문화사, 2007.
- 디미트리 구타스, 『그리스 사상과 아랍 문명』, 글항아리, 2013.
- 레오나르드 플로디노프, 『유클리드의 창: 기하학 이야기』, 까치글방, 2002.
- 루츠 판 다이크, 『처음 읽는 아프리카의 역사』, 웅진지식하우스, 2005.
- 마리오 리비오, 『신은 수학자인가?』, 열린과학, 2010.
- 마이클 J. 브래들리, 『달콤한 수학사』(1~5권), 일출봉, 2010.
- 모리스 클라인, 『수학, 문명을 지배하다』, 경문사, 2005.
- 배리 마주르, 『허수: 시인의 마음으로 들여다본 수학적 상상의 세계』, 승산, 2008.
- 버나드 루이스, 『이슬람 1400년』, 까치글방, 2001.
- 스탠리 월퍼트, 『인디아, 그 역사와 문화』, 가람기획, 1999.
- 앤 루니, 『수학 오디세이』, 돋을새김, 2010.
- 야무챠, 『철학 수학』, Gbrain, 2010.
- 인도베다수학연구회, 『머리가 좋아지는 인도 수학』, 황매, 2008.

- 조너선 라이언스, 『지혜의 집, 이슬람은 어떻게 유럽 문명을 바꾸었는가』, 책과함께, 2013.
- 조르조 페레로, 『이집트, 고대 문명의 역사와 보물』, 생각의나무, 2007.
- 조르주 이프라, 『숫자의 탄생』, 부키, 2011.
- 조지 G. 슈피로, 『푸앵카레가 묻고 페렐만이 답하다』, 도솔, 2009.
- 조지프 캠벨, 『신의 가면 II: 동양 신화』, 까치글방, 1999.
- 칼 B. 보이어·유타 C. 메르츠바흐, 『수학의 역사』(상·하권), 경문사, 2000.
- 케이스 데블린, 『수학의 언어』, 해나무, 2003.
- 토마스 뷔르케, 『물리학의 혁명적 순간들』, 해나무, 2010.
- 모리스 클라인, 『수학의 확실성: 불확실성 시대의 수학』, 사이언스북스, 2007.
- 핼 헬먼, 『수학자 대 수학자』, 경문사, 2009.
- 호스트 W. 잰슨, 『미술의 역사』, 삼성출판사, 1978.
- 후지와라 마사히코, 『천재수학자들의 영광과 좌절』, 사람과 책, 2006.

방송

- BBC 다큐멘터리 〈페르마의 마지막 정리〉(1997).
- EBS 〈이야기 수학사〉(2012).
- EBS 지식채널e 〈수학자〉 '1부-푸앵카레의 추측', '2부-페렐만의 증명'(2012).

문명과 수학

1판 1쇄 펴냄 2014년 1월 28일
1판 22쇄 펴냄 2024년 5월 30일

지은이 | EBS 〈문명과 수학〉 제작팀
기획 | EBS MEDIA
발행인 | 박근섭
펴낸곳 | ㈜민음인

출판등록 | 2009. 10. 8 (제2009-000273호)
주소 | 06027 서울 강남구 도산대로 1길 62 강남출판문화센터 5층
전화 | 영업부 515-2000 편집부 3446-8774 팩시밀리 515-2007
홈페이지 | minumin.minumsa.com

도서 파본 등의 이유로 반송이 필요할 경우에는 구매처에서 교환하시고
출판사 교환이 필요할 경우에는 아래 주소로 반송 사유를 적어 도서와 함께 보내주세요.
06027 서울 강남구 도산대로 1길 62 강남출판문화센터 6층 민음인 마케팅부

© EBS, 2014. Printed in Seoul, Korea

ISBN 978-89-6017-353-8 13100
㈜민음인은 민음사 출판 그룹의 자회사입니다.